Na Ubook você tem acesso a este e outros milhares de títulos para ler e ouvir. Ilimitados!

Audiobooks Podcasts Músicas Ebooks Notícias Revistas Séries & Docs

Junto com este livro, você ganhou **30 dias grátis** para experimentar a maior plataforma de audiotainment da América Latina.

Use o QR Code

OU

1. Acesse **ubook.com** e clique em Planos no menu superior.
2. Insira o código **GOUBOOK** no campo Voucher Promocional.
3. Conclua sua assinatura.

ubookapp

ubookapp

ubookapp

Paixão por contar histórias

Jefferson Wang
George Nazi
Boris Maurer
Amol Phadke

O LAR DO FUTURO NA ERA 5G:

Novas estratégias para uma vida hiperconectada

TRADUÇÃO
UBK Publishing House

© 2020, Accenture

Copyright da tradução © 2020, Ubook Editora S.A.

Publicado mediante acordo com Kogan Page. Edição original do livro The Future Home in the 5G Era, publicada por Kogan Page.

Todos os direitos reservados. Nenhuma parte deste livro pode ser utilizada ou reproduzida sob quaisquer meios existentes sem autorização por escrito dos editores.

PRODUÇÃO EDITORIAL	BR75 | Clarisse Cintra e Silvia Rebello
COPIDESQUE	BR75 | Marcelo Arlin
REVISÃO	BR75 | Magda Carlos e Aline Canejo
CAPA E PROJETO GRÁFICO ORIGINAIS	Kogan Page Limited
ADAPTAÇÃO DE CAPA	Bruno Santos
DIAGRAMAÇÃO	BR75 | Thais Chaves

```
Dados Internacionais de Catalogação na Publicação (CIP)
          (Câmara Brasileira do Livro, SP, Brasil)

      O Lar do futuro : novas estratégias para uma vida
   hiperconectada / Jefferson Wang...[et al.] ;
   tradução UBK Publishing House. -- Rio de Janeiro :
   Ubook Editora, 2020.

      Outros autores: George Nazi, Boris Maurer e Amol
   Phadke
      Título original: The future home in the 5G era
      ISBN 978-65-5875-012-3

      1. Literatura 2. Automação residencial 3. Novos
   produtos 4. Sistemas de controle inteligente I. Wang,
   Jefferson. II. Nazi, George. III. Maurer, Boris.
   IV. Phadke, Amol.

20-45283                                  CDD-643.6
             Índices para catálogo sistemático:

   1. Automação residencial : Economia doméstica    643.6

   Cibele Maria Dias - Bibliotecária - CRB-8/9427
```

Ubook Editora S.A
Av. das Américas, 500, Bloco 12, Salas 303/304,
Barra da Tijuca, Rio de Janeiro/RJ.
Cep: 22.640-100
Tel: (21) 3570-8150

SUMÁRIO

Sobre os autores 11
Agradecimentos 15

Introdução: O Lar do Futuro na era 5G 19
O Lar do Futuro: o centro da vida hiperconectada 20
Referências e competências para o sucesso no novo
mercado doméstico 21
Serviços domésticos aprimorados para uma experiência
mais rica do usuário: ainda dificultados pela baixa
tecnologia 23
Segurança dos dados: o fator que coloca os fornecedores de
serviços de comunicação (CSPs) em vantagem 24
Orquestrando a gestão de dados com a confiança do
consumidor: o Santo Graal 25
Superar a inércia, os obstáculos técnicos
e as atitudes enraizadas 25

01   **Um dia na vida de um Lar do Futuro** 29
Uma vida com os problemas resolvidos 31
Em casa sozinho, e fora com os amigos —
simultaneamente 32
O sempre presente assistente pessoal e servidor 32
A casa vazia fazendo a lição de casa 33
Em casa enquanto se desloca para o trabalho 34
No trabalho e sentindo-se muito em casa 35
Encurtando a distância para manter contato 36

02 As necessidades dos consumidores em um mundo hiperconectado 39

Cinco megatendências modelando estilos de vida hiperconectados 41

Um: A hiperconexão e a hiperpersonalização da vida cotidiana 41

Dois: Millennials e geração Z, os principais arquitetos do Lar do Futuro 44

Três: O rápido envelhecimento da sociedade e o desejo de envelhecer no local 47

Quatro: A ascensão do Do It For Me (DIFM) (faça para mim) e a queda do Do It Yourself (DIY) (faça você mesmo) 49

Cinco: "Sozinhos juntos" no habitat digitalizado 50

Como as pessoas realmente pensam e sentem sobre as casas — em oito mentalidades 52

Mentalidade 1: Pais drone 54

Mentalidade 2: Pais que se adaptam à moda 55

Mentalidade 3: Avós "antenados" 56

Mentalidade 4: Avós sociais 56

Mentalidade 5: Mestres da ambientação 58

Mentalidade 6: Urbanoides conectados 58

Mentalidade 7: Controladores meticulosos 59

Mentalidade 8: Criativos caóticos 59

Três temas-chave 60

Identidade 60

Revolução espacial 61

Tensões técnicas 62

Lições 63

03 De casos de uso a casos de negócios 65

Cenário de vida 1: Vida em casa para os pais que aderem à moda 67

Assistência inteligente no cuidado das crianças 67

Tecnologia *plug-and-play* sem complicação 67
A casa que conhece cada habitante pessoalmente 68
Check-up em casa 69
Levando a casa com você aonde quer que vá 70
Fomentando o convívio familiar 70
Cenário de vida 2: Saúde avançada em casa 71
Libertando os idosos para envelhecerem em casa 71
Adaptando uma casa antiga para novas necessidades 72
Manter o contato com a avó através da tecnologia 73
Monitoramento e manutenção constante da saúde 73
Lições 74

04 Transformando casas em Lares do Futuro 5G 75

O até agora limitado sucesso da tecnologia doméstica
conectada 77
Altos preços de dispositivos domésticos conectados 82
Procedimentos de instalação nada práticos 83
Fragmentação 84
As desvantagens do Wi-Fi 85
Como o 5G pode transformar a casa conectada no Lar do
Futuro 89
Novas faixas de espectro criam altas velocidades de 5G 90
O 5G é mais responsivo e confiável 92
O 5G pode conectar dez vezes mais dispositivos do que o 4G 93
Capacitadores compatíveis do 5G 95
O eSIM resolve o problema de tamanho 95
O edge computing remove a
quilometragem da rede 95
Análise de dados avançada para dispositivos mais
inteligentes 96
Primeiros passos: Dominar quatro desafios 97
Desafio 1: Fazer com que os ecossistemas sejam
adequados para reduzir o custo dos dispositivos do Lar
do Futuro 97

Desafio 2: Usar o 5G para resolver problemas de configuração 98

Desafio 3: Usar o 5G para resolver as questões de conectividade fragmentada dos lares de hoje 98

Desafio 4: Unir os pools de informação e conceder acesso para o bem maior 99

Lições 99

05 Privacidade e segurança: dois desafios distintos do Lar do Futuro 5G 101

O paradoxo do Lar do Futuro: proteção de dados que também devem ser compartilhados 104

Compartilhamento de dados nos lares conectados de hoje 106

Três pontos de contato para que os CSPs lidem com sucesso com segurança de dados 110

Certificação de segurança interindustrial para dispositivos conectados 112

Monitoramento contínuo e perpétuo 114

Semeando a confiança e a lealdade dos clientes entre os jovens 116

O forte ponto de partida dos CSPs sobre segurança de dados 116

Lições 118

06 A ascensão do construtor de ecossistemas vivos conectados 119

Quem deve ser o guia? Três razões pelas quais os CSPs estão em vantagem 123

A velha confiança gera nova confiança 123

Experiência de atendimento ao cliente 124

Infraestrutura de tarefas críticas 126

Quebrando a cadeia de valor do CSP para destravar o Lar do Futuro: seis áreas e seis imperativos 127

Um: Reinvente o *front office* digitalmente 128
Dois: Reinvente o *back office* 129
Três: Treine e equipe seu talento
para o CSP do futuro 131
Quatro: Desenvolvimento de produtos impulsionado e
rápido 132
Cinco: Renove suas plataformas tecnológicas 134
Seis: Ative uma camada de conectividade penetrante 135
Lições 138

07 Modelos de negócios emergentes para o Lar do Futuro 139

O retorno limitado para os CSPs dos serviços domésticos
convencionais 141
Dispositivos de plataforma controlados por voz: liderando
o caminho para o Lar do Futuro 142
Como as plataformas multilaterais irão inovar a integração
vertical 143
Buscando relevância de serviços para o usuário final dentro
dos ecossistemas 145
Conquistando novos pontos de controle como guardião de
dados 146
Justificando o controle de dados por meio de uma excelente
experiência do usuário 148
A necessidade da plataforma de parcerias e alianças 150
Por que aplicativos domésticos individuais conectados não
são suficientes 151
O jogo prolongado de alinhamento de incentivos para
parceiros de plataforma 152
Como serviços básicos podem atrair novos parceiros para o
ecossistema 153
Lições 154

08 Criando incentivos para o ecossistema do Lar do Futuro 155

O Lar do Futuro como multitarefas preventivo 157
Cinco propriedades para um Lar do Futuro eficiente 159
Como os silos de dados acabam com ecossistemas viáveis e a boa experiência do usuário 161
Quebrando silos de dados para a casa: uma breve história 162
O potencial das plataformas universais de tradução 164
O plano universal para as plataformas do Lar do Futuro 165
Por que o núcleo da plataforma deve estar aberto a todos 167
Construa-o e eles virão 169
Como os CSPs podem conduzir o caminho para o Lar do Futuro 169
Lições 170

09 O caminho para o Lar do Futuro 171

A vida intimamente entrelaçada com a tecnologia 174
As megatendências sociodemográficas modelando estilos de vida hiperconectados 174
A grande variedade de casos de uso específico 175
Fragmentação: A barreira para o desenvolvimento do Lar do Futuro 176
5G: O divisor de águas da conectividade 176
A necessidade de construir a confiança do consumidor através das melhores seguranças, privacidade e ética possíveis 177
Futuros organizadores e guardiões: CSPs reformulados 178
Uma mudança necessária no modelo de negócios 178
Atraindo parceiros para atrair consumidores 180
Quebrar silos de dados para beneficiar tanto os usuários quanto os *players* do ecossistema 181
CSPs na encruzilhada 181

Resumo das lições 183
Glossário de termos 187
Notas 197

SOBRE OS AUTORES

Jefferson Wang é diretor-geral da Accenture Strategy. Comanda práticas de Comunicação, Mídia e Tecnologia e lidera globalmente a Indústria de Comunicação para a Accenture. Por duas décadas, tem se concentrado na indústria sem fio, trabalhando com operadores de rede, fabricantes de dispositivos, provedores de plataformas tecnológicas, desenvolvedores de conteúdo e startups durante o ciclo de vida de desenvolvimento de produtos de ponta a ponta.

Jefferson também lidera as iniciativas globais 5G da Accenture para a era pós-smartphone, desenvolvendo estratégias para rentabilizar as implantações 5G. Sua atuação profissional acontece na interseção de estratégia, negócios e tecnologia — o que envolve Lar do Futuro, veículos autônomos e ecossistemas de cidades inteligentes.

Jefferson já deu depoimentos à CNN e à Mobile World Live TV, participa regularmente como palestrante no Mobile World Congress e suas opiniões têm sido apresentadas no *Wall Street Journal*, no *USA Today*, na *Fortune*, no *New York Times*, no *Washington Post*, na *WIRED* e em outras publicações.

Jefferson é um empreendedor em série. Antes da Accenture, foi um sócio sênior que liderou uma startup de mídia, banda larga e sem fio para uma saída bem-sucedida. Ele é bacharel em Engenharia Mecânica pela Universidade de Maryland, College Park, e vive em São Francisco.

George Nazi é diretor administrativo sênior da Accenture. Lidera globalmente práticas na Indústria de Comunicação e Mídia. É um renomado líder em tecnologia, conhecido por misturar visão estratégica e execução operacional, trazendo uma combinação única de perspicácia executiva, formação de equipes globais e mais de 25 anos de experiência na indústria, transformando grandes organizações e operações.

Antes de ingressar na Accenture, atuou como presidente e vice-presidente executivo de entregas a clientes globais na Alcatel-Lucent, gerenciando uma força de trabalho de mais de 40 mil trabalhadores. Como presidente de redes e infraestrutura de TI na BT (British Telecom), sua conquista mais significativa foi a liderança do programa de transformação da 21st Century Network (21CN) para a BT, reestruturando o portfólio, melhorando a experiência do cliente e construindo a próxima geração de redes e OSS/BSS. Ele também atuou como CTO Global Services e vice-presidente Global de Redes, responsável pelo projeto e pela implantação da rede IP/MPLS Global da BT em 170 países. George escreve regularmente artigos sobre inovação e crescimento digital na indústria de comunicações e mídia.

É bacharel e mestre em Engenharia Elétrica e Ciência da Computação pela Universidade de Tulsa e vive em Bruxelas.

Boris Maurer é diretor-geral da Accenture Strategy. Lidera práticas de Comunicação, Mídia e Tecnologia na Europa. Também está à frente da transformação digital para as indústrias de Comunicação, Mídia e Tecnologia da Accenture em todo o mundo. Já atendeu a clientes de telecomunicações, energia e alta tecnologia por mais de duas décadas e ajudou clientes a desenvolver estratégias de conexão para casas e espaços residenciais.

Boris tem grande experiência em transformações de larga escala, inovação, desenvolvimento de produtos, governança, planejamento de ecossistema digital e estratégias de mercado de referência. É um empresário experiente com foco no espaço IoT e de inteligência artificial e fundou e/ou codirigiu várias startups, como WinLocal, yetu, smartB e connctd.

Ele também trabalhou no setor público, inclusive na Chancelaria alemã, e ajudou governos regionais, ministérios e instituições públicas. Escreveu vários livros e artigos sobre crescimento, inovação e como ser bem-sucedido em tempos de mudanças disruptivas.

É mestre em Economia pela Universidade de Bonn e doutor em Economia pela Universidade de Mannheim e pelo Institut d'Economie Industrielle (IDEI) em Toulouse. Vive em Berlim.

Amol Phadke é diretor-geral da Accenture em negócios de Comunicação, Mídia e Tecnologia. Lidera a Accenture Network Services globalmente, conduzindo o portfólio de serviços de rede e ajudando diretores de experiência (CXO) em todas as áreas de transformação de redes digitais, economia e estratégia de rede, 5G, SDN/NFV, nuvem, novos sistemas OSS, operações de próxima geração e soluções domésticas conectadas. Ele também faz parte do Conselho de Administração da Linux Foundation Networking (LFN).

Com base em Londres, Amol é um líder reconhecido do setor, com mais de vinte anos de experiência internacional no fornecimento de tecnologia e liderança empresarial em TI, internet e telecomunicações em rede, incluindo definição de estratégias, impulsionando unidades de desenvolvimento e entrega de engenharia em larga escala e liderando equipes multidisciplinares globais. É autor de vários artigos sobre transformação de redes, incluindo 5G, redes definidas por software e operações alimentadas por IA. Antes de ingressar na Accenture, Amol atuou como diretor sênior para a Alcatel-Lucent's Asia-Pacific Network Professional Services Business e trabalhou na BT (British Telecom) como arquiteto-chefe para suas plataformas globais IP & Data 21st Century Network (21CN).

Tem mestrado em Engenharia de Telecomunicações pela Universidade do Sul da Califórnia e um MBA executivo de graduação dupla pela UCLA, California-National University of Singapore (NUS). Recebeu a Medalha de Ouro C. H. Wee por sua excelente realização acadêmica no programa de MBA executivo.

AGRADECIMENTOS

Este livro fala sobre uma ideia — o Lar do Futuro. Uma ideia que ainda não se concretizou, embora vá certamente acontecer em breve em função dos avanços nas tecnologias que a viabilizarão. Essa expectativa fez com que vários especialistas em todo o mundo começassem a pensar e a criar estratégias sobre como o conceito do Lar do Futuro poderia se desenvolver, tanto tecnologicamente quanto em termos de negócios e marketing, para os consumidores. Para assessorar com mais eficiência as empresas no trabalho nessa área, arremessamos nossa rede longe em busca de dados abrangentes para o nosso livro.

Tudo começou com nossa equipe de autores. Viemos de diferentes origens, com diferentes perspectivas. Alguns de nós olham para o Lar do Futuro através da lente da tecnologia, outros o analisam do ponto de vista da estratégia comercial. O fato de termos por fim conseguido encontrar o equilíbrio certo se deveu a uma ampla consulta a estrategistas do setor, tecnólogos e aspirantes a empresários, entre eles muitos clientes de longa data. Suas contribuições, coletadas de diferentes locais do mundo e de diversas áreas da indústria, foram fundamentais para moldar nossas análises, observações e conclusões. A todos eles, gostaríamos de expressar um enorme obrigado. O apoio deles foi fundamental para a realização deste livro.

Entre os muitos intercâmbios valiosos que tivemos, as discussões com Dave Raggett, que lidera o grupo de trabalho World Wide Web Consortium (W3C) Web of Things, e Nik Willetts, CEO do TM Forum, nos ajudaram a moldar nossas opiniões sobre como fomentar a colaboração e a padronização na indústria de telecomunicações. Glenn Couper, Jeff Howard, Kevin Petersen e Barbara Roden, da AT&T, forneceram uma visão valiosa sobre tecnologias capacitadoras no mercado de consumo. Lise Fuhr e Alessandro Gropelli, CEO e diretor da European Telecommunications Network Operators

Association (ETNO), respectivamente, fundamentaram nosso pensamento estratégico. As opiniões de Axel Schüßler, cofundador da connctd, e Jacob Fahrenkrug, diretor de tecnologia da yetu, nos ajudaram a estabelecer um sólido posicionamento sobre privacidade, segurança e interoperabilidade. O conhecimento de Christine Knackfuß, da Deutsche Telekom, e de Christian von Reventlow, da Telstra, sobre a criação de uma estrutura para a internet sem fio na Europa enriqueceu nossa análise de confiança, experiência e escalabilidade para modelos de plataforma no setor de provedores de serviços de comunicação. A professora Helle Wentzer, da Universidade de Aalborg, aguçou nossa visão sobre cuidados com a saúde no Lar do Futuro. Junko Hiraishi, Masao Kubo, Koichi Moriyama, Shoichi Nakata, Yoji Osako, Yusuke "Luke" Saito, Yuya "Rex" Tanaka e Atsuro Wakazono, da Docomo, nos guiaram de forma especializada sobre as trajetórias que o desenvolvimento de novos produtos para o Lar do Futuro pode seguir.

Também queremos agradecer a vários colegas da Accenture que contribuíram diretamente para tornar este livro uma realidade. Greg Douglass, Mark Knickrehm, Michael Lyman e Andy Walker nos apoiaram habilmente nas estratégias comerciais e tecnológicas para esse novo mercado do Lar do Futuro. Rajeev Butani, Saleem Janmohamed, Silvio Mani, Andy McGowan, Gene Reznik, Youssef Tuma, Francesco Venturini e John Walsh nos deram seus valiosos insights e orientações sobre a indústria e as tendências do Lar do Futuro. Além disso, Afzaal Akhtar, Christian Hoffmann, dr. Imran Shah e Robert Wickel forneceram à equipe orientações sobre o Lar do Futuro e seu potencial econômico, enquanto Andrew Costello, Tejas Rao, Hillol Roy e Peters Suh contribuíram com suas informações sobre a evolução dos modelos de negócios e tecnologias 5G. A experiência de Bryan Adamson, Samir Ahshrup, Mayank Bhatnagar, Kishan Bhula, Katharine Chu, Jorge Gomez, Aaron Heil, Kevin Kapich, Kevin Karjala, Muzaffar Khurram, Joel Morgenstern, Ram Natarajan, Alexandra Sippin Rau, Eduardo Suarez e Kevin Wang também contribuíram para nossas reflexões sobre o 5G. Agradecemos também às equipes da Accenture Dock, Accenture Research e Fjord, parte da Accenture Interactive, que estiveram envolvidas na criação do "Putting the Human First in the Future Home" ["Colocando o humano em primeiro lugar no Lar do Futuro", em tradução livre],[1] um inspirador relatório de pesquisa compilado por Paul Barbagallo, Claire Carroll, Rachel Earley, David Light, Laurence Mackin e Iana Vassileva.

Colocar tanta reflexão especializada e inspiração entre as duas capas de um livro, mantendo isso acessível aos leitores de negócios em geral, foi uma conquista atribuível em grande parte à equipe de marketing da Accenture. Somos gratos a Karen Wolf, Rhian Pamphilon e Sonya Domanski. E nos beneficiamos muito com o desenvolvimento do conteúdo, a experiência em publicação, a redação e a edição de Jens Schadendorf, Titus Kroder e John Moseley.

Agradeço também a Tom, Winnie, Ethan, Julia e Connor Polen por abrirem sua casa à pesquisa etnográfica de campo para melhor definir o Lar do Futuro. E a Katie Peterson, Laura Recht e Sara Reich, da equipe de desenvolvimento da Accenture Strategy, e a Mark Flynn e sua equipe da Accenture Research.

E, finalmente, gostaríamos de agradecer a Chris Cudmore, Susi Lowndes, Natasha Tulett, Vanessa Rueda, Nancy Wallace e Helen Kogan, da Kogan Page, a editora original deste livro, pelo compromisso duradouro e pela confiança em nosso projeto.

Acima de tudo, porém, queremos agradecer a todas as nossas famílias e aos nossos amigos por seu apoio e incentivo.

Jefferson: Um grande obrigado vai para minha mãe, Susan Sumei Chang Wang, e para meu falecido pai, Paul Mingteh Wang, que me encorajaram a tentar tudo, me ajudaram a conectar perspectivas diferentes, permitiram-me encontrar minhas paixões, mas só me forçaram a aprender uma coisa — perseverança. Também gostaria de agradecer a minha esposa Bess e meu filho Jefferson Paul por seu apoio incondicional, transformando confusão em clareza e fazendo de cada dia uma obra-prima. E sou grato ao dr. Matt Supple, que sempre me estimulou a encontrar soluções criativas na liderança, me incentivou para que eu mantivesse a humildade e me inspirou a ajudar hoje os líderes de amanhã.

George: Quero agradecer a Becca, minha esposa, meus filhos Lia, Catarina e Daniel, assim como a minha família estendida: minha mãe Ninawa, meu falecido pai, Abboud, e meus irmãos e irmãs Fadi, Nada, Camille e Amal, que me criaram e me apoiaram ao longo de minha carreira. Todos vocês também fizeram contribuições para este livro, pelo qual sou grato.

Boris: Paciência e apoio, bem como crítica aberta e franca, são ingredientes-chave de um projeto como este, assim como para qualquer carreira profissional. Minha esposa, Lucinde, e minhas filhas Hannah e Katharina deram isso em abundância, pelo que lhes agradeço.

Amol: Gostaria de agradecer a minha incrível esposa Sonal e a minha filha Arya por serem a constante fonte de inspiração e apoio que tem ajudado imensamente todo o meu trabalho. Também sou eternamente grato a meus pais, Uday e Saroj, por serem a base que tornou tudo isso possível.

Introdução

O Lar do Futuro na era 5G

O lar é onde o coração está, como diz o ditado. O velho provérbio transmite uma verdade poderosa que é cada vez mais relevante na era da transformação digital. Porque, em essência, ele pressupõe que "em casa" pode ser em qualquer lugar. Desde que raízes emocionais nos ancorem em um lugar ou ambiente específico, a localização física exata do "em casa" torna-se irrelevante.

Na era das tecnologias avançadas, o sentimento de estar em casa depende principalmente da qualidade das experiências do usuário fornecidas pelos serviços digitais que nos rodeiam, quer estejamos parados ou em movimento. Se, por exemplo, tais serviços se tornarem tão perfeitos e onipresentes a ponto de podermos começar a ver um filme em uma tela na sala de estar, então continuar sem interrupções ou transtornos nas telas do veículo autônomo em que embarcamos para ir a um jantar com amigos, é provável que nos sintamos "em casa" independentemente de estarmos entre quatro paredes ou sobre quatro rodas.

Neste livro, presumimos que a noção tradicional de lar como abrigo estático será em breve totalmente substituída pela nova mentalidade do consumidor de que "sentir-se em casa pode acontecer em qualquer lugar". Para que isso ocorra, será fundamental a ideia de que tudo o que significa casa para nós — desde nossa temperatura ambiente favorita e a qualidade do ar até nossas tonalidades de luz preferidas, dispositivos de entretenimento e educação, equipamentos fitness e de saúde, elementos de segurança de portas, o conteúdo da geladeira — será muito em breve reproduzido em qualidade excepcional por tecnologia avançada, estável e inteligente onde quer que estejamos: em um veículo autônomo, em um resort de férias, em um cruzeiro de lazer ou, até mesmo, com concessões às necessidades dos outros, durante uma visita aos sogros. Isso significa, em essência, que nossa casa se transformará em um envelope enrolado em torno de nós durante todo o dia.

Considere o ponto a que a conectividade já chegou hoje. Parece que estamos nos aproximando da era da hiperconectividade em plena aceleração. A ampla transformação digital da sociedade significa que onda após onda de tecnologia de conectividade está transformando o mundo dos objetos comuns em um dos itens inteligentes conectados — a frequentemente invocada Internet de Tudo. Os benefícios para nossa vida social são enormes. A tecnologia móvel e digital já nos permite permanecer em contato através de enormes distâncias. Ela nos possibilita monitorar os momentos, o humor e o bem-estar das pessoas distantes, e podemos trabalhar em conjunto e até mesmo participar de um relacionamento romântico de quase qualquer parte do mundo. O que significa "lar" para nós durante séculos já começou a se transformar em um estilo de vida fluido e hiperconectado, repleto de serviços altamente personalizados, com base em novas tecnologias.

O Lar do Futuro: o centro da vida hiperconectada

Para enquadrar esse emocionante mundo que está surgindo, criamos o termo Lar do Futuro, que também é o título deste livro. Usaremos um significado muito específico dessa frase, reservado à casa que por fim e verdadeiramente cumpre a promessa de serviços digitais perfeitos, da mais alta qualidade e que genuinamente melhoram a vida.

O que nos leva a pensar que o Lar do Futuro está à vista? É o número crescente de tecnologias inovadoras que surgem e se desenvolvem com alta qualidade o que lhes permitirá tornar a casa inteligente, consciente, capaz de compreender, antecipar, prever e decidir ou fornecer opções relevantes. O principal elo entre essas novas tecnologias é o padrão de rádio sem fio 5G e suas possíveis vantagens: capacidade de resposta em tempo quase real (baixa latência ultraconfiável), velocidades muito rápidas (banda larga móvel aprimorada), conexão de quase todos os dispositivos (grande alcance da Internet das Coisas — IoT na sigla em inglês) e *network slicing* (ou "fatiamento de rede", arquitetura de rede inovadora também viabilizada pelo 5G). Esse será, a nosso ver, o principal impulsionador do Lar do Futuro entre todas as tecnologias inovadoras. Entretanto, a inteligência artificial (IA), a computação de ponta ou edge computing e a análise avançada de dados são igualmente importantes, pois permitirão a extraordinária experiência para o usuário que vislumbramos. Capacitados pela conectividade 5G, eles atingirão o auge de seu potencial no Lar do Futuro.

Como um sentimento de "estar em casa" será sempre relevante para os seres humanos, essas tecnologias transformarão o Lar do Futuro no centro facilitador central de estilos de vida densamente digitalizados para pessoas de todos os modos de vida. Nessas casas hiperconectadas, teremos consultas médicas remotas, aprenderemos com hologramas de professores e estudantes e teremos acesso a serviços por meio de qualquer superfície ou *display* em mãos. A tecnologia doméstica avançada também pensará à nossa frente, fazendo coisas como verificar obras inesperadas na estrada para garantir que você chegue a tempo àquela importante reunião de trabalho. Dias antes, cozinhas inteligentes terão pensado em sua festa de aniversário, indagado aos amigos convidados sobre restrições alimentares e, depois das respostas deles, armazenado automaticamente a quantidade certa de alimentos personalizados com base nas preferências.

Referências e competências para o sucesso no novo mercado doméstico

Nesta perspectiva radical da vida no Lar do Futuro, nosso livro apresenta estratégias comerciais práticas que permitem que um amplo espectro de setores ao longo da cadeia de valor dos serviços domésticos aproveite ao máximo os novos mercados emergentes. Entre muitas outras coisas, mostramos aos profissionais de negócios os obstáculos que precisam ser superados para que possamos criar o Lar do Futuro. Mas também apresentamos de forma crucial aos leitores referências e competências essenciais que os tornam mais bem colocados para transformar as oportunidades desses novos mercados em valor e lucro. Abrimos nossa análise do Lar do Futuro com uma breve imersão cênica no dia de uma "pessoa comum". Esse personagem, descrito no Capítulo 1, é constantemente apoiado por serviços digitais. Seguir tal indivíduo ao longo do dia ilustra nossa visão de que o Lar do Futuro será o principal centro para a vida hiperconectada, não importa a localização física de seus moradores.

Em seguida, invertemos nossa perspectiva. A partir de um possível estilo de vida, ampliamos o quadro para descrever diferentes modelos de Lares do Futuro e como será a vida de seus ocupantes quando assistidos por tecnologia doméstica avançada. O segundo capítulo é, portanto, dedicado às modernas tendências sociodemográficas, bem como às atitudes e mentalidades dos usuários do Lar do Futuro — famílias, solteiros, jovens e idosos em muitos contextos. Os leitores perceberão aqui um importante imperativo: as empresas interessadas em entrar no mercado do Lar do Futuro devem se concentrar primeiro em necessidades, desejos e sonhos humanos e depois criar as pilhas de tecnologia que atendam a essas exigências humanas. Até agora, as tecnologias promissoras têm sido, muitas vezes, soluções em busca de um problema humano — falhando, assim, em estimular a demanda dos usuários em massa. Um dos princípios centrais deste livro é manter uma postura centrada no ser humano, em vez de impor as maravilhas das novas tecnologias às pessoas, independentemente da necessidade ou do desejo.

No Capítulo 3, analisamos duas das mentalidades do Capítulo 2 com mais detalhes, uma nos dando uma janela para a vida familiar e a outra uma visão geral da saúde avançada em casa. Isso fornece uma imagem clara de como a tecnologia do Lar do Futuro precisará ser capaz não só de responder de forma inteligente às necessidades dos diferentes usuários domésticos, mas também de se comunicar com prestadores de serviços de fora de casa e até mesmo com outros Lares do Futuro.

Serviços domésticos aprimorados para uma experiência mais rica do usuário: ainda dificultados pela baixa tecnologia

As experiências dos usuários nas casas conectadas de hoje em dia — evitamos o termo "casas inteligentes", pois ele não condiz com a realidade — ainda são básicas. Como explicamos no quarto capítulo, elas ficam muito aquém de uma experiência de "casa em todos os lugares". Pior ainda, seu primitivismo lento parece ser causado por um problema da galinha ou do ovo: sem serviços ao consumidor de alta qualidade e ricos em experiência, não haverá apetite por tecnologia doméstica mais avançada, mas, sem demanda, os negócios que poderiam impulsionar o desenvolvimento do Lar do Futuro não serão criados.

Tecnologicamente, as casas conectadas hoje em dia são limitadas por muitas soluções de dispositivos isolados ponto a ponto sem uma orquestração abrangente. Eles são um incômodo para configurar, em outras palavras, e não oferecem a interconectividade e a interoperabilidade perfeitas que poderiam realmente nos ajudar, como no exemplo da festa de aniversário, na qual a cozinha, o calendário, o comércio eletrônico e o caderno de endereços funcionam como um só. Essa desarticulação, em particular, dá má fama à tecnologia e impede a expansão da demanda. Para que o mercado do Lar do Futuro decole, é necessário muito mais qualidade de serviço e orquestração de tecnologia.

Além dos problemas de fragmentação e orquestração inadequadas dos dispositivos, também mostramos como a chegada do Lar do Futuro é atrasada por questões como o alto custo dos dispositivos conectados e as deficiências da fragmentação da conectividade na casa hoje com Wi-Fi, ZigBee, Z-Wave, Bluetooth e outros padrões. E mostramos como a chegada do padrão sem fio 5G mudará as coisas, atuando como um poderoso consolidador e um pontapé inicial para mercados altamente comerciais do Lar do Futuro.

Segurança dos dados: o fator que coloca os fornecedores de serviços de comunicação (CSPs) em vantagem

Em nenhum lugar interagimos com a tecnologia mais intimamente do que em casa. Portanto, a privacidade e a segurança dos dados, bem como os padrões éticos sobre o que a inteligência nascida da tecnologia pode decidir, serão mais importantes no Lar do Futuro do que em qualquer outro lugar. Dedicamos todo o Capítulo 5 a esse importante tema, um dos principais de nosso tempo, e um dos fatores mais decisivos para o surgimento desse mercado. Apenas algumas brechas, vazamentos, *hacks* ou outras falhas de dados podem obviamente ter efeitos muito prejudiciais à confiança dos usuários e à disposição de aceitar tecnologia avançada. A segurança e a privacidade dos dados, assim como a inteligência da máquina eticamente atuante, são, portanto, critérios decisivos para o sucesso do Lar do Futuro como um caso de negócios.

Postulamos que os usuários devem ter soberania absoluta sobre seus dados e que os provedores de serviços de comunicação (CSPs, na sigla em inglês), os provedores de plataformas, os fabricantes de dispositivos, os provedores de armazenamento em nuvem e os terceiros envolvidos nos ecossistemas do Lar do Futuro devem trabalhar em direção a padrões de segurança elevados e universais para reforçar a tecnologia doméstica contra a má utilização dos dados.

Em relação à confiança do consumidor, fazemos questão de salientar que os CSPs, tais como operadoras de redes sem fio, novas operadoras telefônicas ou empresas de redes a cabo, estão bem posicionados para inspirar tal fé, sendo as únicas partes com experiência no tratamento de dados confidenciais de usuários em enormes quantidades durante décadas, sem violações significativas. Além do mais, serão os *players* que irão atuar em redes 5G, portanto, controlarão uma das principais tecnologias habilitadoras do Lar do Futuro.

Orquestrando a gestão de dados com a confiança do consumidor: o Santo Graal

Mas quais *players* estão mais bem posicionados para serem a mão orquestradora tão necessária nas casas tecnologicamente incoerentes de hoje? Nossa resposta, condensada no Capítulo 6, é, novamente, CSPs. Nenhum outro negócio tem um histórico de confiança tão alto, milhões de relacionamentos com usuários e experiência de longo prazo na administração de infraestruturas críticas de comunicação. Mas, na era do Lar do Futuro, nem mesmo os CSPs podem continuar a atender seus clientes da maneira antiga. Eles precisam de uma renovação radical para se tornarem mais ágeis, inovadores e responsivos aos clientes. Caso contrário, não serão capazes de conquistar a posição economicamente atraente de orquestrador para serviços e dados de usuários. Sem uma profunda reforma operacional, muitos deles perderão para outros grupos mais ao estilo de plataforma, que assumirão esse papel privilegiado. Mostramos o que é necessário para uma mudança tão profunda.

Superar a inércia, os obstáculos técnicos e as atitudes enraizadas

O que também está claro é que o Lar do Futuro será construído em torno de dados — enormes quantidades deles — e fluxos de informação difundidos na casa. Portanto, as empresas envolvidas na tecnologia doméstica devem se abrir e formar ou aderir a plataformas tecnológicas domésticas. Somente uma plataforma se alimenta de acumular informações dos usuários a níveis que podem ser transformados em insights e eles, no fim, são o que alimentarão os serviços domésticos com experiência aprimorada.

Para os CSPs, um grupo de empresas que recebe foco especial neste livro, essa provavelmente se tornará uma questão de sobrevivência. Historicamente habituados a fornecer hardware e conectividade na forma de organizações verticais com departamentos em silos, a maioria ainda está longe de estar preparada para ser o principal gerente e diretor de tráfego dos fluxos de dados no Lar do Futuro. Apenas controlar a infraestrutura de dados, como eles têm feito durante décadas em seu papel tradicional, não será suficiente aqui. No Capítulo 7, analisamos em detalhes a natureza e seu novo papel como orquestradores do Lar do Futuro.

De modo geral, a contenção dos dados de uso em silos pelos fabricantes de dispositivos domésticos tem sido um enorme problema. Até agora, isso tem dificultado a criação de serviços domésticos aprimorados para uma experiência rica do usuário, pois impede que os dispositivos compartilhem as informações necessárias não apenas para fornecer serviços em conjunto, mas também para que a casa como um todo aprenda e desenvolva sua oferta de maneira inteligente, de acordo com as mudanças nas necessidades dos usuários. Ainda não chegamos lá, de forma alguma, mas esperamos que a oportunidade comercial multibilionária que o Lar do Futuro oferece possa atuar como argumento suficiente para trazer mais coordenação, interoperabilidade e cooperação a esse mercado promissor. Todas as indústrias envolvidas, todos os parceiros unindo ecossistemas em torno dos mercados do Lar do Futuro devem se abrir à ideia de compartilhar dados padronizados para soluções domésticas a fim de melhorar a experiência do usuário.

Na última parte, este livro procura meios de superar os obstáculos das tecnologias do estilo antigo e as atitudes comerciais arraigadas. No Capítulo 8, dedicamos muita atenção às estratégias para os CSPs e outros membros do ecossistema sobre como superar o silêncio de dados entre os dispositivos do Lar do Futuro e os diferentes fornecedores de serviços, hardware e software envolvidos. Aqui, enfatizamos a necessidade de criar reservatórios de dados padronizados comuns que os parceiros do ecossistema aliados devem ser capazes de aproveitar para serviços domésticos aprimorados a fim de melhorar a experiência do usuário.

Para encerrar, no Capítulo 9, os pontos estratégicos e as mudanças de estratégia mais importantes a se ter em mente na jornada para o sucesso no emergente mercado do Lar do Futuro são resumidos para referência rápida e prática por profissionais da indústria de todos os setores relevantes.

Este livro é, além do setor de CSP, igualmente relevante para todos os outros *players* dentro dos ecossistemas do Lar do Futuro: fabricantes de dispositivos, provedores de plataformas, designers de aplicativos e *players* industriais que fornecerão bens e serviços aos habitantes dos Lares do Futuro, como varejistas e provedores de saúde ou entretenimento.

Essencialmente, a mensagem para qualquer negócio relevante é: por menos promissor que o mercado doméstico conectado possa parecer hoje, isso está prestes a mudar — de maneira drástica. O 5G criará um vasto mundo novo de oportunidades, mas também um grande risco de deixar muitos para trás.

Este livro lhe mostrará como capitalizar sobre o primeiro e evitar o segundo.

De acordo com a importância e a predominância desse tópico, há um movimento significativo no mercado. Pesquisando em veículos de imprensa, um exemplo (em inglês) é o Projeto Connected Home over IP (https://www. connectedhomeip.com), um grupo de trabalho para um novo padrão de conectividade para aumentar a compatibilidade entre os produtos do Lar do Futuro. Os autores comentam com regularidade os novos desenvolvimentos. Os destaques (em inglês) desses comentários podem ser vistos em www.accenture.com/FutureHome.

1

Um dia na vida de um Lar do Futuro

RESUMO DO CAPÍTULO

....

O Lar do Futuro, o conceito em torno do qual este livro é construído, é um distanciamento radical dos padrões atuais de sofisticação digital nas casas. Em apenas alguns anos, as pessoas terão estilos de vida intensamente assistidos pela tecnologia digital inteligente. Para elas, o "lar" estará em toda parte. A tecnologia será sua companheira permanente e grande capacitadora em tudo, desde o preparo de refeições, passando por cuidar das crianças, até o trabalho remoto. Esse será um mundo diferente de qualquer outro visto anteriormente, portanto, antes de começarmos a analisar seu funcionamento em detalhes, devemos reservar algum tempo para olhar para ele. Neste capítulo, portanto, apresentamos uma prévia do Lar do Futuro na era 5G.

....

Em uma megalópole do hemisfério norte é terça-feira, seis e meia da manhã — cerca de meia hora antes que John A. Centure, um corretor de seguros sênior de 41 anos de uma companhia de seguros global, em geral se levanta. John é solteiro. Seu microcontrolador digital do quarto já eliminou as primeiras tarefas do dia e agora faz as cortinas movidas a energia solar deslizarem, abertas. As luzes embutidas do quarto, combinando com o espectro exato da luz do dia no exterior a qualquer minuto, acendem-se gradualmente. Uma música suave começa a tocar em um volume muito baixo, as batidas combinam com o ritmo cardíaco de John e aumentam gradualmente. Minuto a minuto, o homem em seu pijama sensorizado de alta tecnologia é atraído de um sono profundo para um sorriso sonolento à luz do sol, que neste momento está inundando o quarto.

Alimentado pelos dados da cama, do pijama e de um dispositivo portátil, o microcontrolador da rede do quarto calculou o tempo ideal de despertar de John. Ao realizar esse cálculo, ele equilibrou um máximo de sono de movimento rápido dos olhos (REM), a fase mais relaxante do sono humano, com notícias que acabara de receber do nó de mobilidade do sistema Lar do Futuro do apartamento: o ônibus autônomo que John costuma pegar para o trabalho está fora de operação hoje.

Uma vida com os problemas resolvidos

Essa é apenas uma das muitas decisões que o Lar do Futuro tomará para seu habitante. Por precaução, ele despertou John cerca de trinta minutos mais cedo e acrescentou tempo extra para uma viagem alternativa ao trabalho: uma curta caminhada até a estação ferroviária seguida de uma viagem de quatro paradas até o Parque Balboa. Quando John sai da cama e olha pela janela, o microcontrolador de mobilidade do seu Lar do Futuro informa automaticamente o tempo de hoje, seu calendário e seu novo trajeto, tudo sobreposto usando a realidade aumentada na janela de vidro. Ele segue uma visualização da caminhada até a estação ferroviária. John aceita cada decisão porque sabe que pode confiar cem por cento no sistema, permitindo que ele deixe de lado muito do que nos preocupa hoje: sem especulações ansiosas sobre diferentes opções, sem ajustes agitados a circunstâncias imprevistas — o Lar do Futuro antecipa os problemas: conserta os simples antes que eles surjam e, proativamente, oferece opções relevantes para os problemas mais complexos. Foi o que John aprendeu desde que se mudou para lá há dois anos.

Em casa, sozinho, e fora com os amigos — simultaneamente

Agora são sete horas da manhã. Ainda falta uma hora para sair de casa. Colocando seu equipamento de exercícios e seus óculos inteligentes, John junta-se a um encontro virtual de exercícios físicos com dois amigos. Eles estão na mesma academia virtual, conversando um com o outro. Para aumentar a competição, cada um pode ver o placar de calorias queimadas do outro diretamente de seus quartos. Cada treino é feito sob medida. Como John está se recuperando de um pulso torcido, o microcontrolador de atividades físicas de seu Lar do Futuro acha melhor ele evitar flexões e concentrar-se, em vez disso, na parte inferior de seu corpo. John é o "campeão das calorias" do dia e o sistema preparou uma gravação com os destaques da sessão de treino, ajustada para sua música favorita, apresentando sua pontuação no final. O sistema pede permissão a John para postar o clipe em plataformas de mídia social para um grupo de amigos que os três têm em comum, o que ele dá simplesmente dizendo "Sim".

O sempre presente assistente pessoal e servidor

Após o treino da manhã, John entra no banheiro para escovar os dentes. O sistema do Lar do Futuro eleva a temperatura do ar alguns graus e liga o chuveiro à temperatura desejada da água. Os sensores de peso no chão do banheiro retransmitem os dados para o microcontrolador do banheiro. John ainda está um pouco aquém de seu objetivo de perda de peso, então o nó começa uma conversa discreta com sua contraparte na cozinha, onde um algoritmo pergunta a John se ele gostaria de eliminar o açúcar de seu café matinal durante o resto da semana. Isso deve ajudá-lo a chegar ao objetivo de peso. Enquanto John se seca, seu armário inteligente escolhe dois trajes, com base nos eventos profissionais e privados em seu calendário naquele dia. Enquanto ele decide sobre um dos dois, um assistente interativo integrado em cada cômodo lê as notícias da manhã.

Sete e meia da manhã — John entra na cozinha. Um braço robótico preparou e cozinhou seu café da manhã, equilibrando a ingestão de nutrientes e calorias para ajudar a perder o último quilo em sete dias antes da viagem de fim de semana na praia. Seu assistente pessoal virtual usa tecnologia de correspondência de padrões, aprendizagem de máquinas e processamento de linguagem natural para fornecer as informações certas na hora certa. Estudou o comportamento de John, e é treinado para saber o momento correto para fornecer mais informações sobre a pessoa que ele encontrará durante sua primeira reunião — um cliente que deseja fazer uma apólice de seguros contra terremotos. Então, como John acaba de terminar a primeira xícara de café, infelizmente não adoçada, um holograma da última reunião com esse cliente, há um mês, é exibido na sua frente. A reunião foi volumetricamente capturada no escritório de John. Todos optaram por uma declaração de privacidade que permite uma captura de memória digital para substituir a ata da reunião.

A casa vazia fazendo a lição de casa

Uma vez terminado o café da manhã, a cozinha se transforma em uma sala de estar, onde os móveis são reequipados e a sala é reconfigurada. Uma parede se acende e o assistente digital de John exibe uma lista de verificação doméstica agendada para hoje.

Ponto 1: o aspirador automático limpará os tapetes antes de se tornar um esfregão e fazer a limpeza dos azulejos. Ponto 2: as plantas de John receberão sua rega diária, mas também está na hora de receberem um tratamento mensal de fertilizantes. Ponto 3: o cesto de roupas sujas está próximo da capacidade e o Lar do Futuro sugere o uso de análise de vídeo para determinar a cor, o tipo de tecido e a categoria das roupas para separar com mais precisão a roupa antes de lavagem, secagem e dobra. Mas a casa também aponta que o uso de energia é mais barato depois das nove da noite, então John decide adiar o serviço até lá. Ponto 4: como é o primeiro dia de primavera, com uma contagem de pólen superior ao normal, novos medicamentos para alergia são encomendados e serão entregues hoje na caixa de entrega do John. Ponto 5: antes de deixar o Lar do Futuro, John recebe um lembrete para tomar suas vitaminas e a medicação para pressão sanguínea diárias, para que o microcontrolador de saúde possa enviar uma confirmação de adesão ao tratamento ao médico de John e à sua seguradora para um incentivo de desconto mensal.

Em casa enquanto se desloca para o trabalho

Às oito e quinze da manhã, John fecha a porta e o microcontrolador de segurança residencial é ativado. Ele tranca automaticamente a porta, enviando a casa para o modo de economia de energia. John desce a rua. Seu Lar do Futuro calculou dez minutos de caminhada, dando-lhe tempo suficiente para pegar um trem às oito e meia da manhã. Enquanto caminha, seu podcast favorito e sua rota de navegação são transmitidos para os óculos inteligentes que John usa na ponta do nariz. A função de realidade aumentada sobrepõe o trajeto mais rápido em tempo real na calçada à sua frente, guiando-o até a estação ferroviária.

Na estação, os óculos inteligentes guiam John diretamente para a pista correta e até mesmo para um ponto de plataforma onde um vagão com assentos livres irá parar. John entra no trem, se joga em um assento e o podcast continua. Mas a edição de hoje é chata, então John empurra os óculos para cima, o que escurece as lentes e as transforma em um dispositivo de realidade virtual imersivo que protege seus olhos da maior parte do entorno. Ele entra em uma réplica digital de sua sala de estar e começa a jogar um videogame *multiplayer* em *streaming* na TV de tela grande pendurada na parede virtual. Seus amigos da sessão de exercícios dessa manhã também estão todos ao vivo no jogo durante os deslocamentos matinais em veículos autônomos. Enquanto jogam o videogame, alternam entre a comunicação uns com os outros e a votação sobre quais exercícios querem fazer na manhã seguinte. De repente, uma pequena figura aparece no canto inferior esquerdo da tela, informando a John que o trem chegará ao Balboa Park em dois minutos. John deixa o aparelho escorregar pelo nariz, o que clareia as lentes e as transforma instantaneamente em seus óculos de leitura normais, com características de realidade aumentada onde for necessário. Ele sai do trem e é guiado até o escritório.

No trabalho e sentindo-se muito em casa

O *hot-desking* é a norma nos escritórios agora. Os óculos inteligentes de John o guiam para o local de trabalho de hoje, uma elegante sala de dez metros quadrados, totalmente transparente. Não apenas a mesa, mas o escritório onde corretores como John trabalham, pode mudar todos os dias. Os empregadores minimizam os custos escolhendo os espaços de escritório mais acessíveis alugados a preços dinâmicos.

Ainda assim, depois que John entra em um escritório para passar o dia, tudo já está lá — graças ao seu sistema Lar do Futuro, que sabe onde ele está e o que está fazendo desde quando deixou o apartamento. O escritório de trabalho se transforma instantaneamente em seu espaço de trabalho familiar em casa, exibindo fotos emolduradas de seu falecido pai e do cachorro, Beethoven. O sistema de computador também está pronto, com os arquivos para a primeira reunião de clientes abrindo enquanto John coloca o casaco em um cabide. Ele não é limitado, entretanto, por monitores físicos, um teclado ou uma mesa. Dependendo dos arquivos de que precisa, paredes virtuais e painéis de vidro se enchem com as apresentações e planilhas relevantes para comparação e recomendação. John usa apenas gestos mínimos das mãos para fechar folhas e mover as apresentações.

As primeiras reuniões e visitas vão bem e, ao meio-dia, chega a hora do almoço. A comida de John é entregue com a nutrição balanceada habitual, mas com um ligeiro aumento da ingestão de proteína magra, já que ele caminhou mais dez minutos até a estação ferroviária essa manhã. Seu Lar do Futuro já cuidou de tudo. Após uma refeição rápida, John recebe uma notificação de seu perfil de namoro. Alguém que se interessou por ele o convidou para um café virtual e John decide aceitar. Está tudo arranjado em seus óculos inteligentes multiúso. O fato de usar trajes formais de escritório não é problema. Ele participa do encontro virtual como um gêmeo volumétrico e pode optar por vestir o que quiser. Decide usar uma combinação de calça chino bege, tênis e uma camisa azul-escuro ajustada. Após uma conversa animada, John e sua acompanhante decidem se encontrar pessoalmente em um encontro posterior. Curtindo o momento, John volta ao trabalho para o resto do dia.

Encurtando a distância para manter contato

Às seis e meia da tarde, John relaxa em seu apartamento. O sol está se pondo, e ele recebe uma chamada de vídeo da mãe. John ajusta mais uma vez os óculos para o modo de realidade virtual. A mãe está se sentindo nostálgica, diz ela, desde que o marido faleceu de câncer de estômago, há exatamente vinte anos. Ela pede a John para que deem um passeio virtual. Ela está em casa, a centenas de quilômetros de distância, enquanto John se senta no sofá da sala de estar, mas através dessa chamada holográfica, mãe e filho são transportados para a rua suburbana arborizada da infância de John. A rua e os arredores são apresentados exatamente como pareciam quando o pai de John faleceu. Enquanto a mãe compartilha histórias sobre o pai, John pergunta se podem assistir a uma das memórias volumétricas registradas do pai. Ela concorda e ambos são saudados pelo holograma, um conjunto virtual e volumétrico de mensagens que ele gravou para ambos antes de morrer. Isso faz John refletir sobre o fato de que o amanhã não é garantido para ninguém, sobre como de repente os entes queridos podem ser perdidos, e sobre a sorte que tem de ainda poder passar um tempo assim com a mãe, mesmo que ele não more mais perto.

2
As necessidades dos consumidores em um mundo hiperconectado

RESUMO DO CAPÍTULO

....

Como vimos na análise da vida de uma pessoa no Lar do Futuro, o conceito do Lar do Futuro 5G não é conduzido pela tecnologia, mas pelas necessidades e pelos desejos humanos a que cada vez mais a tecnologia é capaz de atender. Esses novos hábitos e preferências são variáveis, dependendo da etapa da vida, do status familiar ou da idade. Portanto, é essencial traçar os vários perfis sociodemográficos dos consumidores na era da transformação digital e de estilos de vida hiperconectados. Neste capítulo, identificamos cinco megatendências que moldam os futuros estilos de vida hiperconectados, e também os oito diferentes tipos de mentalidades de usuários que esperamos encontrar nesse novo mundo.

....

Na era da transformação digital, a palavra "lar" tornou-se um termo emocionalmente carregado e amplamente interpretado. Qualquer que seja o significado que lhe seja atribuído, ele mantém sua conotação predominante de centro pessoal e emocional para a rotina. Isso é o que nos convida a pensar no futuro de modo extremo, imaginando, em última instância, esse sentimento de lar disponível para as pessoas em quase qualquer lugar – não apenas dentro dos limites físicos tradicionais de uma habitação.

Cinco megatendências modelando estilos de vida hiperconectados

Para aprofundar nossa análise das noções, realidades físicas e tecnologias envolvidas nos Lares do Futuro, vale a pena listar cinco megatendências que, a nosso ver, provavelmente definirão a relação entre os seres humanos e esses lares. A partir dessa lista, as primeiras ideias para exemplos de usos e modelos de negócios em torno do Lar do Futuro, habilitado para 5G, podem ser filtradas. Elas serão detalhadas mais adiante neste livro.

Um: A hiperconexão e a hiperpersonalização da vida cotidiana

É aqui que começamos: o dia a dia está mudando com rapidez sob os auspícios da transformação digital por atacado da sociedade. Por meio de tecnologias em rápida evolução, os seres humanos estão se tornando hiperconectados a objetos e a outras pessoas. Começamos a nos conectar com nossos veículos, lâmpadas, eletrodomésticos e até mesmo ondas cerebrais. A lista de objetos e contrapartidas digitais é interminável, nossa era é uma das redes digitais cada vez mais densamente tecidas entre humanos e dispositivos de todos os tipos. De acordo com a International Data Corporation (IDC), até 2025 haverá 41,6 bilhões de dispositivos IoT conectados, gerando 79,4 zetabytes (ZB) de dados.[1]

Essa era da "Internet de Tudo" está afetando de maneira profunda o modo como vivemos em geral e o modo como organizamos o trabalho e o tempo livre. Mas enquanto várias áreas de nossa existência — vida doméstica, saúde, trabalho e vida em movimento — tornam-se cada vez mais ligadas a nós, elas com frequência tendem a não estarem ligadas umas às outras. Tecnologicamente, tais áreas estão hoje em dia evoluindo de maneira isolada, o que significa que os consumidores podem com frequência se sentir inundados por um caos de serviços incoerentes. Para interligar de modo correto e fornecer serviços vivos ricos em experiência e hiperpersonalizados, os dispositivos precisam ser harmonizados por tecnologias como 5G, edge computing, eSIM e inteligência artificial (IA), que ainda estão evoluindo e sendo implantadas.

Com um estilo de vida cada vez mais hiperconectado, os seres humanos se movimentam muito mais do que antes. Para trabalho ou lazer, mudamos constantemente nossa localização — entre mesas em salas, entre cômodos em nossas casas e outros edifícios e entre cidades, regiões, países e continentes. Ao fazer isso, somos auxiliados por um dispositivo portátil como um laptop, um smartphone, fones de ouvido e/ou um relógio inteligente — coisas que muitas pessoas já podem estar começando a pensar como uma espécie de lar, dada a maneira como tais dispositivos se desenvolveram e se tornaram seus centros de comando para a gestão do dia a dia.

As gerações mais jovens são as que mais representam essa tendência, com até 35 dias de viagem de férias por ano.[2] Como resultado, a noção de casa começou a ficar difusa, não mais significando apenas paredes fixas e espaço privado, mas também ambientes dinâmicos e móveis para trabalho e lazer que são viabilizados pela tecnologia digital conectada.

Figura 2.1 Interligando os serviços conectados — com o usuário no centro

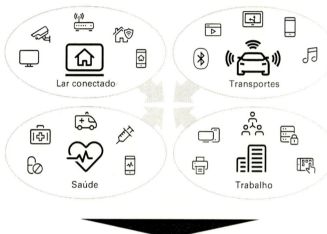

Dois: Millennials e geração Z, os principais arquitetos do Lar do Futuro

A megatendência número dois é o surgimento de gerações com mentalidades inteiramente novas a respeito de experiência do usuário, hábitos de gastos e preferências tecnológicas: millennials, aqueles nascidos entre 1980 e meados dos anos 1990, e a ainda mais jovem geração Z: ambas as gerações se tornarão — por suas preferências pessoais, padrões de migração, conjunto de tecnologias específicas e configurações de serviços domésticos — os principais arquitetos e construtores do Lar do Futuro.

Em 2019, nos Estados Unidos, a população de millennials, de cerca de oitenta milhões de pessoas, ultrapassou os baby boomers como o maior segmento adulto.[3] Globalmente, as coisas estão ainda mais avançadas: 1,4 bilhão de millennials caminham pela terra, tornando-se o grupo mais populoso em escala global já em 1994.[4]

Além da contagem de indivíduos, quais são as características sociodemográficas desses grupos? Em geral, millennials e geração Z preferem viver em cidades e se tornarão os maiores gastadores muito em breve. Existem agora 1.860 cidades no mundo contendo pelo menos trezentos mil habitantes.[5] Elas estão ficando maiores, em grande parte impulsionadas pelo estilo de vida urbano dos millennials. As 33 megalópoles atuais de dez milhões de pessoas ou mais crescerão para um total de 43 megalópoles até 2030.[6]

Mais pessoas por metro quadrado criam a necessidade de uma coordenação mais ágil e confiável entre elas, e essa tendência está naturalmente advogando mais tecnologia doméstica para organizar a rotina. Mais pessoas viverão em blocos de apartamentos e unidades menores e, portanto, compartilharão mais serviços centrais como aquecimento, água, eletricidade e redes de conectividade. Portanto, é importante encontrar soluções atraentes de tecnologia residencial, não apenas para propriedades individuais, mas também para vidas agregadas sob um telhado de um bloco de apartamentos ou mesmo em bairros da cidade. Em muitos casos, a tecnologia do Lar do

Futuro se sobreporá, portanto, de maneira inevitável, a alguma tecnologia inteligente da cidade.

E quanto ao poder aquisitivo dessas novas gerações? No mercado de trabalho americano, os millennials tornaram-se o maior segmento em 2016.[7] Essa tendência está acontecendo em muitos outros países. O World Data Lab [Laboratório Mundial de Dados] prevê que o poder de consumo global dos millennials terá se tornado maior do que o de qualquer outra geração até 2020.[8] Inevitavelmente, então, essa faixa etária moldará e definirá o uso da tecnologia e os casos de negócios para o Lar do Futuro mais do que qualquer outra.[9]

Uma terceira característica marca millennials e a geração Z como forças definidoras do Lar do Futuro. Todos são nativos digitais, embora em graus diferentes. Os millennials mais jovens eram crianças quando o iPhone, o primeiro smartphone adotado em massa, chegou ao mercado em junho de 2007. Assim, eles veem a tecnologia e os serviços domésticos através de uma lente digital. Usando passeios virtuais, por exemplo, muitos compram casas sem tê-las visto fisicamente — e depois solicitam hipotecas por telefone em vez de sentar-se pessoalmente com um corretor.[10]

As novas gerações são mais seletivas do que qualquer anterior quando se trata de qualidade de serviço. A Accenture pesquisou 26 mil consumidores em 26 países e descobriu que, daqueles que têm ou planejam adquirir serviços domésticos conectados, 71 por cento gostariam de adquirir soluções domésticas conectadas de CSPs.[11] Além disso, 55 por cento estavam planejando mudar seu CSP[12] no ano seguinte devido à fraca experiência de conectividade baseada nas atuais arquiteturas de linha fixa em suas casas. Isso mostra que os CSPs devem fazer um trabalho muito melhor de compreensão das novas gerações para mantê-las a bordo.

As enormes oportunidades de negócios do Lar do Futuro, construído para se adequar ao perfil de demanda dos millennials e da geração Z, irão muito além da conectividade em áreas como a saúde. Na pesquisa da Accenture, 49 por cento dos entrevistados disseram que escolheriam seu CSP para a prestação de serviços de saúde domiciliar.[13] Trinta por cento querem cuidados virtuais, que poderiam ser administrados em um ambiente do Lar do Futuro, e o interesse em recursos de monitoramento remoto e consultoria em vídeo é grande.[14] As gerações mais jovens também são muito mais propensas a escolher fornecedores de serviços médicos com sólidas capacidades digitais, aqueles que fornecem acesso móvel ou on-line para resultados de testes (44 por cento dos millennials *versus* 29 por cento dos baby boomers), renovações eletrônicas de receitas médicas (42 por cento *versus* 30 por cento), e a possibilidade de marcar, trocar ou cancelar consultas on-line (40 por cento *versus* 19 por cento). Além disso, os millennials e a geração Z estão especialmente inclinados a deixar de lado os médicos de atenção primária de hoje em dia e a consulta presencial em prol de modelos de saúde não tradicionais, tais como consulta e tratamento médico remoto. Sem um médico de atenção primária, as novas gerações já buscam novos tipos de serviços médicos de rotina em clínicas de varejo (41 por cento) e prestadores de cuidados virtuais (39 por cento).[15]

Isso não é de maneira alguma o fim das mudanças que essas gerações representam. Elas são, por exemplo, muito mais propensas a se preocupar com o tempo fora do trabalho. Um relatório conduzido pela Casa Branca sobre a geração mais jovem descobriu que, comparado à geração X ou aos baby boomers, uma proporção maior deste grupo valorizava objetivos de vida como ter tempo para lazer e encontrar novas experiências — em resumo, um melhor equilíbrio entre trabalho e vida pessoal.[16] Muito desse cobiçado tempo de lazer é gasto em experiências e compartilhamento nas mídias sociais. Os milllennials e a geração Z são os primeiros a serem nativos de Instagram, Facebook, YouTube, WeChat, Snapchat e outras mídias sociais, com as quais grande parte deles cresceu.

Os millennials e a geração Z têm expectativas de consumo fluidas como nenhuma geração anterior. Ao pesquisar sessenta varejistas globais, a Accenture descobriu que quase quarenta por cento apontou a falta de lealdade entre os millennials como sua principal preocupação.[17] Contudo, quando trabalhamos para compreendê-los mais profundamente, descobrimos que os millennials e a geração Z podem ser clientes fiéis, mas apenas se forem bem tratados e procurados com ofertas de serviços personalizados. Eles só querem maneiras convenientes de interagir com fornecedores e marcas, de preferência por meio das mídias sociais e de bate-papos de mensagens. Isso é tão provável que seja verdade para os prestadores de serviços do Lar do Futuro de todos os tipos quanto é para os varejistas.

Nos próximos vinte anos mais ou menos, o lar se desenvolverá, portanto, para se tornar um centro de serviços hiperconectado que irá muito além dos tradicionais serviços domiciliares conectados para pessoas de idade avançada e cuidados de saúde, comunicação social, relações comunitárias, compras, viagens, cuidado de crianças e trabalho.

Três: O rápido envelhecimento da sociedade e o desejo de envelhecer no local

Graças aos avanços na educação, na qualidade de vida e na saúde, o ser humano está vivendo por mais tempo. De acordo com as Perspectivas Populacionais Mundiais das Nações Unidas em 2019, a população mundial acima dos 65 anos aumentará de 9,3 por cento em 2020 para 15,9 por cento em 2050.[18] Em perspectiva, haverá mais de 727 milhões de pessoas acima dos 65 anos em 2020, o que equivale ao terceiro país mais populoso, atrás da China e da Índia. Ainda mais espantoso é o fato de que em 2050 haverá mais de 1,5 bilhão de pessoas com mais de 65 anos em todo o mundo.

Quando você combina estes fatos com o sistema de saúde já desgastado, o envelhecimento no local é uma opção atraente para todos os envolvidos. O envelhecimento no local é definido como continuar a viver e envelhecer em casa ou na residência de sua escolha pelo máximo de tempo possível. Em uma pesquisa da Associação Americana de Aposentados (AARP) em 2018, 76 por cento das pessoas de idade avançada gostariam de permanecer em sua residência atual o máximo de tempo possível.[19]

Figura 2.2 O mundo está envelhecendo.

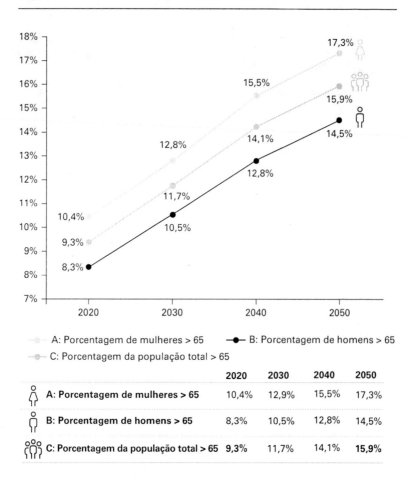

	2020	2030	2040	2050
A: Porcentagem de mulheres > 65	10,4%	12,9%	15,5%	17,3%
B: Porcentagem de homens > 65	8,3%	10,5%	12,8%	14,5%
C: Porcentagem da população total > 65	9,3%	11,7%	14,1%	**15,9%**

O mundo enfrentará grandes desafios para garantir que os sistemas sociais e de saúde estejam prontos para essa mudança demográfica. A saúde e o bem-estar na idade avançada apoiados por dispositivos digitais serão de importância exponencial e criarão um mercado de serviços de crescimento maciço de fornecedores de todos os tipos. Essa tendência, como as outras megacorrentes sociológicas que estamos definindo, também se tornará um grande impulsionador para os avanços tecnológicos na tecnologia doméstica. De acordo com as preferências das gerações mais jovens, conforme identificadas por nossas pesquisas, o futuro da saúde, em grande parte, ocorrerá em casa. Para que o envelhecimento no local seja bem-sucedido, precisaremos trazer o monitoramento, a paz de espírito e os serviços de saúde para o lar de idade avançada, transformando-o em um Lar do Futuro. Mas essa configuração pode fazer mais do que apenas permitir a telemedicina ou a assistência médica remota. O Lar do Futuro pode ajudar pessoas de idade avançada a permanecerem conectadas com parentes distantes, aumentar a atividade mental diária para fortalecer as conexões entre os neurônios e até mesmo ajudar a encontrar maneiras de os idosos contribuírem de volta à sociedade, ajudando-os a encontrar um propósito renovado.

Quatro: A ascensão do Do It For Me (DIFM) (faça para mim) e a queda do Do It Yourself (DIY) (faça você mesmo)

Os serviços e as tecnologias digitais de que desfrutamos, tais como assistentes de voz, aplicativos, APIs, IA, sensores e conectividade móvel, para citar apenas alguns, estão se tornando melhores em antecipar nossas necessidades, tornando nossas experiências de serviços digitais mais ricas e mais imediatas. Mas, à medida que a velocidade, a latência e a densidade da rede melhoram, o nível de exigência será cada vez mais elevado. Como consequência, estamos nos tornando mais seletivos, mais exigentes e mais inconstantes em relação aos serviços — especialmente quando eles são entregues em nossa casa.

Ao mesmo tempo, um segmento de consumidores está mudando de uma mentalidade do Do It Yourself (faça você mesmo) para uma mentalidade do Do It For Me (faça para mim). Eu deixo um aspirador de pó robótico autônomo fazer isso por mim. Eu pago um extra para a empresa de móveis para entregá-lo e montá-lo para mim. Assino um serviço de refeições que me entrega comida quente. Uso um aplicativo que encontra pessoas para passear com meu cachorro por mim. Uma experiência de campo da Universidade de British

Columbia e da Harvard Business School constatou que as pessoas que gastaram quarenta dólares em conveniências que poupam tempo eram mais felizes do que quando gastaram quarenta dólares em compras materiais.[21]

Ainda assim, nossas casas conectadas atuais são construídas para a multidão do DIY, não para o futuro DIFM. Passamos quinze minutos assistindo a um vídeo sobre como instalar um termostato conectado antes de passar mais trinta a sessenta minutos instalando-o de fato. Temos que gastar tempo pesquisando e lendo as letras miúdas para determinar se uma nova fechadura de porta conectada que queremos comprar se integrará com nosso alto-falante inteligente, uma decisão que já tomamos. Precisamos gastar tempo baixando outro aplicativo para configurar um dispositivo de luz conectado apenas para ter que digitar de novo a complexa senha Wi-Fi quando faltar energia.

Para que o Lar do Futuro em 5G seja adotado em massa, o atrito terá que ser removido. O Lar do Futuro em 5G funcionará fora do padrão atualmente estabelecido. Estes consumidores DIFM logo esperarão nada menos do que um serviço sem descontinuidades implementado, quase despercebido. Os serviços domésticos apenas "estarão lá", sem nenhuma ação adicional exigida do usuário: sem montagem de peças nem procedimentos complexos de identificação, mas com enormes expectativas de que os serviços domésticos possam pensar adiante e antecipar a necessidade dos usuários de especificar o suporte de que eles necessitam. É claro que sempre haverá um segmento de consumidores focado no valor, um segmento que quer aprender fazendo. Mas, para que o Lar do Futuro consiga superar com sucesso a lacuna da adoção em massa, precisaremos projetar primeiro para o segmento DIFM.

Cinco: "Sozinhos juntos" no habitat digitalizado

Sozinhos juntos. Paradoxo... ou nossa nova realidade? Os seres humanos são fundamentalmente sociais e nossas relações são baseadas na boa comunicação. Mas, quando você decompõe a comunicação até seu núcleo, trata-se de você transmitir uma mensagem e essa mensagem ser recebida, ouvida e, o mais importante, compreendida por outra pessoa. Portanto, na realidade, os humanos são sociais, mas, mais importante ainda, todos nós queremos apenas ser ouvidos e compreendidos.

A questão é que todos têm uma história para contar, mas nem sempre há pessoas de confiança disponíveis, pessoas que não o julgarão enquanto escutam sua história, para receber, ouvir e entender essa história. A tecnologia ajudou a nos conectar a diferentes grupos de pessoas virtualmente, mas isso significa que não estamos nos comunicando e construindo relacionamentos com aqueles ao nosso redor.

A tecnologia, em vez de atender a essa disposição humana elementar, tende a separar até mesmo as pessoas que vivem juntas, tornando-as inclinadas a manter contato remoto com o mundo exterior em vez de prestar atenção umas às outras. Quantas vezes você já esteve na mesma sala com a família ou amigos apenas para olhar para cima e ver que todos estão concentrados em suas telas? Esse é o tempo "sozinhos juntos". Simplesmente porque você está cercado de pessoas não significa que não possa se sentir solitário se ninguém está falando ou tendo tempo para se concentrar e ouvir com empatia. A tecnologia pode ter nos conectado com outros, mas substituiu a conversa com os que estão à nossa frente. Sem controle, isso poderia criar uma epidemia de solidão.

O uso inovador da experiência do usuário (UX) e o projeto de serviços no Lar do Futuro para conseguir que a tecnologia trabalhe contra sua própria tendência natural seriam uma área de enorme valor social e econômico. Imagine um Lar do Futuro que esteja monitorando sozinho o tempo juntos e encontrando maneiras de facilitar conversas cara a cara entre os membros da família ou até mesmo ajudar a moderar conflitos presenciais.

De uma perspectiva mais geral, a próxima geração também olhará para trás e julgará o sucesso do Lar do Futuro pela capacidade de apoiar e melhorar nossa vida social em vez de substituí-la. Como o lar convencional de hoje, o Lar do Futuro precisará fornecer significado social a seus habitantes. Isso, em última análise, estará enraizado na interação com entes queridos, amigos e conhecidos, assim como na condução de relações pessoais profundas — uma grande descoberta de nossas pesquisas em andamento sobre o lar e como ele é visto pelos moradores.

Como as pessoas realmente pensam e sentem sobre as casas — em oito mentalidades

À medida que passamos do DIY de hoje, liderado pela tecnologia, e da casa fragmentada conectada ao Lar do Futuro DIFM de amanhã, focado em soluções centradas no ser humano, é importante entender os desafios que precisamos superar e as capacidades que precisamos desenvolver para estarmos preparados.

Os conceitos do Lar do Futuro da Accenture colocam o humano no centro. Para isso, aproveitamos a pesquisa da Accenture sobre o Lar do Futuro. Em 2018, o Fjord (uma consultoria de design e inovação, parte da Accenture Interactive), a Accenture Research e o Accenture Dock (principal centro de pesquisa multidisciplinar e de incubação da Accenture) entrevistou mais de 6 mil participantes globais em treze países (Estados Unidos, Brasil, Reino Unido, Suécia, Dinamarca, França, Alemanha, Itália, Espanha, China, Índia, Japão e Austrália).[22] O objetivo era entender o que as pessoas valorizam em casa, que novos padrões de comportamento humano podem ser identificados na atual realidade do lar conectado e como a mudança no relacionamento das pessoas com a palavra "lar" pode ser melhor apreciada.

A partir dessa pesquisa, foi identificada uma clara segmentação de atitudes em relação às casas e à tecnologia.[23] A compreensão dessas categorias é fundamental para nos ajudar a apreciar como as necessidades variam de pessoa para pessoa e que trajetórias essas diferentes necessidades provavelmente tomarão no futuro, permitindo que as empresas adaptem e direcionem suas ofertas para mercados do Lar do Futuro com precisão.

Figura 2.3 **Quatro atitudes em relação às casas e à tecnologia**

A partir de nossa pesquisa, emerge um espectro de atitudes em relação a uma casa em um eixo x. Em uma extremidade da escala estão os "Arrebatadores", que veem sua casa como um reflexo apaixonado de sua marca pessoal e projetaram espaços que os entusiasmam e impressionam os convidados. Na outra extremidade estão os tipos "Acolhedores" mais sensatos, cuja prioridade é criar uma sensação de conforto, aconchego funcional e segurança para a família.

Compensando esse espectro, encontramos outro eixo vertical com base na consciência tecnológica e na preparação para a adoção da tecnologia. No topo deste novo espectro estão os "Exploradores", os primeiros a adotar produtos e serviços, orgulhosos de sempre usar a tecnologia mais recente. No outro estão os hesitantes "Navegadores", que só utilizarão a nova tecnologia e encontrarão valor quando virem que ela foi bem-sucedida com outros.

Nos espaços definidos pela interseção destes dois eixos, encontramos oito mentalidades distintas. Essas mentalidades representavam atitudes e comportamentos humanos diferentes em relação a um lar. A pesquisa organizou ainda mais essas mentalidades em duas grandes etapas da vida: *com crianças e sem crianças*.

No próximo capítulo, daremos uma visão muito mais detalhada de alguns desses tipos, mas por enquanto vamos ter uma visão geral de todos eles. Começamos com quatro mentalidades para pessoas com crianças.

Figura 2.4 Quatro mentalidades para pessoas com crianças[24]

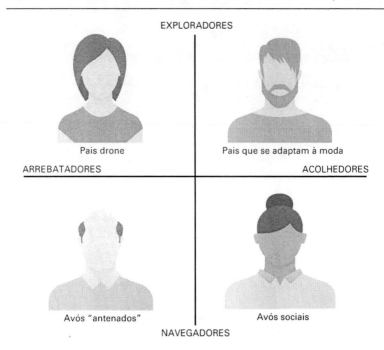

Mentalidade 1: Pais drone

Pais drone são tipos de família fortemente inclinados a ter uma casa arrebatadora que faz as pessoas dizerem "uau" e são Exploradores que adotam a tecnologia desde cedo. O título se refere ao fato de que eles são pais que valorizam o controle, a eficiência, a conveniência e a privacidade, e veem com clareza a vantagem de usar a tecnologia para proporcionar uma vida mais fácil e um Lar do Futuro mais seguro para a família. Os pais drone são propensos a ficarem sozinhos juntos. Mais uma vez, "sozinhos juntos" é o comportamento que você pode observar em um restaurante onde uma família está sentada na mesma mesa, mas cada pai e filho está imerso em seu próprio dispositivo digital individual, deixando de lado quaisquer interesses, atividades e caminhos de comunicação compartilhados.

Um conjunto de tecnologias típico dos pais drone tem como objetivo principal tornar a casa mais controlável, segura, funcional e privada. Eles encomendam mantimentos para entrega em domicílio, usam alto-falantes inteligentes e controlam de maneira remota a casa e a família. O que tornaria sua vida melhor é qualquer tecnologia ou solução que seja fácil de instalar, gerencie o tempo de tela das crianças, resolva o problema "sozinhos juntos" e permita a privacidade.

Mentalidade 2: Pais que se adaptam à moda

Os pais que se adaptam à moda, ao contrário dos pais drone, são acolhedores pragmáticos, socializadores naturais e agregadores tranquilos. Mas, do mesmo modo que os pais drone, os pais que se adaptam à moda compartilham a visão do Explorador e lideram a visão do usuário sobre a experiência. Eles veem o lado divertido da tecnologia. Querem um ambiente criativo e moderno que faça parte de seu estilo de vida e valorizam tudo o que torna a casa descolada. Querem a conveniência do DIFM, mas também querem se sentir seguros se outra pessoa estiver instalando tecnologia em sua casa.

Os pais que se adaptam à moda querem que sua casa inovadora e sociável permita uma boa comunicação com a família e proporcione a capacidade de relaxar sem preocupações — para poder relaxar e desfrutar de uma cerveja artesanal ou kombucha em uma taça de vinho, especialmente quando as crianças estão ocupadas. A tecnologia é importante se ela torna o dia a dia mais autoindulgente. Eles transmitem conteúdo on-line e programas de entretenimento por toda a casa via *streaming*.

O que tornaria a vida melhor deles são espaços capacitados tecnologicamente, adaptáveis e divertidos em casa, que expandem os limites das paredes físicas, monitores de tempo de tela para crianças e uma experiência de usuário perfeita de todos os dispositivos digitais em casa.

Mentalidade 3: Avós "antenados"

Semelhante aos pais drone, que adoram fazer da casa o centro arrebatador de uma conversa, idosos "antenados" gostam de tratar a casa como um reflexo de sua própria marca pessoal, uma marca que eles têm trabalhado muito para construir ao longo dos anos. No entanto, diferenciam-se de pais drone por serem Navegadores com nova tecnologia. Essa faixa etária tem o objetivo principal de exibir uma assistência tecnológica bem integrada em suas casas de luxo, mas eles são muito cuidadosos para não serem excessivamente dependentes da tecnologia. Gostam da tecnologia que é ao mesmo tempo funcional e de luxo.

É importante para os idosos "antenados" que seu lar seja impressionante, luxuoso e inspirador. Ele deve oferecer-lhes a oportunidade de relaxar e se maravilhar com as suas conquistas de vida.

Ao mesmo tempo, eles precisam se sentir seguros, e preocupam-se em ter controle e manter um equilíbrio entre estar sempre conectado e desfrutar da vida. Usam tecnologia para a segurança doméstica, para monitorar a saúde e para aumentar o bem-estar. Valorizam bastante a boa comunicação com a família fora de casa, especialmente com os netos.

A vida deles poderia melhorar com um maior equilíbrio entre a dependência tecnológica e a tecnologia de saúde ainda mais sofisticada que provavelmente se tornará comum no Lar do Futuro, tornando as idas ao médico e ao hospital menos necessárias.

Mentalidade 4: Avós sociais

Os avós sociais idosos solteiros. Ele ou ela é do tipo Navegador quando se trata de tecnologia, e um Acolhedor. Os avós sociais precisam se sentir seguros e confortáveis, e veem a tecnologia de um ângulo sóbrio e funcional, uma vez que tenha sido provada por alguém em quem confiam. Apesar da idade avançada, ainda são pessoas ocupadas que usam a tecnologia para manter a casa familiar, para se conectar com amigos e parentes e para permanecer em contato com o mundo exterior.

Os avós sociais estão frequentemente sozinhos em casa e se preocupam com o controle e a vida independente; o envelhecimento no local é muito importante. Querem se sentir seguros — por estarem conectados a outros, por terem vizinhos atentos que checam como estão e talvez por criarem um cachorro. Eles permitem que parentes mais jovens os monitorem por câmeras e sensores remotos para que possam viver em sua casa o máximo de tempo possível. Usam dispositivos de monitoramento de saúde para cuidar do bem-estar pessoal, escutam podcasts e utilizam a tecnologia e as mídias sociais para se manterem atualizados e conectados.

A vida poderia ser melhor com mais tempo para permanecerem ainda melhor conectados, encontrando soluções para controlar a publicidade indesejada que interfere nas mídias sociais ou soluções para automatizar as tarefas diárias do lar, como aspirar os tapetes e limpar o chão, o que coincidentemente também atrapalha a conexão através das mídias sociais.

Vejamos agora as quatro mentalidades para as pessoas *sem* filhos.

Figura 2.5 Quatro mentalidades para pessoas sem filhos[25]

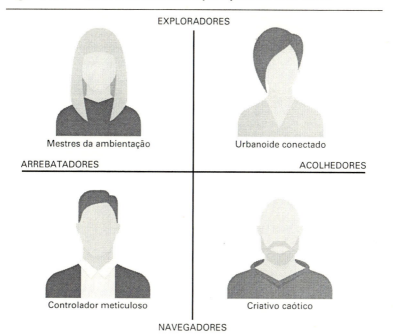

Mentalidade 5: Mestres da ambientação

Os mestres da ambientação querem que qualquer pessoa que entre em sua casa arrebatadora perceba que ela foi projetada para impressionar. Eles também são Exploradores de tecnologia que se orgulham de comprar e usar o último lançamento antes dos outros. Querem hiperconectividade, hiper-personalização e interconexão dos ecossistemas, tais como casa, transporte, saúde e trabalho. Hospitaleiros e convidativos, anseiam por um lar inspirador e esteticamente agradável, oferecendo experiências sensoriais enriquecedoras, e também apreciam a tecnologia que auxilia o prazer e o bem-estar, coisas para as quais vão dedicar porções significativas de tempo. Por exemplo, usam iluminação ambiente inteligente para tentar melhorar os padrões de sono, e permanecem saudáveis usando dispositivos e aplicativos de monitoramento pessoal. A vida deles poderia melhorar com um maior equilíbrio entre a dependência tecnológica e uma tecnologia de saúde ainda mais sofisticada que provavelmente se tornará comum no Lar do Futuro, tornando as idas ao médico e ao hospital menos necessárias.

Mentalidade 6: Urbanoides conectados

O urbanoide conectado é um tipo de Explorador intenso, voltado para experimentar uma nova tecnologia, com uma atitude acolhedora em relação à sua casa. Ocupado e ativo no trabalho e fora dele, aprecia a tecnologia para conveniência diária e para se manter conectado. Quer se sentir no seu melhor dentro de casa. O conforto é importante para ele, o que significa produtos e serviços de alta qualidade e bem projetados que funcionem.

O urbanoide conectado devora soluções de saúde e fitness, especialmente se a tecnologia puder trazer saúde e atividades físicas para casa com maior comodidade. Quer que sua casa seja harmoniosa, limpa e elegante, pontilhada de produtos de luxo de qualidade, incluindo aqueles que melhoram o bem-estar. Quer instalações DIFM para que o ambiente fique despojado. O que melhoraria sua vida é ainda mais tecnologia que lhe dá acesso a serviços domésticos e produtos de alta qualidade.

Mentalidade 7: Controladores meticulosos

Os controladores meticulosos são Navegadores, tendendo a ficar ligeiramente atrasados tecnologicamente, mas são arrebatadores no sentido de que estão seguros de si mesmos, são organizados e mantêm a casa bastante estruturada para eficiência e máximo autoaperfeiçoamento. Querem morar em casas que são adaptadas às necessidades de saúde e estilo de vida — além de serem limpas, organizadas e eficientes — e oferecer a cada usuário o controle de mente, corpo e ambiente. Esse tipo de mentalidade já utiliza assistentes de voz para fazer as coisas em casa, assim como aplicativos de saúde e fitness e qualquer conjunto de tecnologia que torne flexível o trabalho em casa. O controlador meticuloso costuma ter um escritório em casa onde pode deixar as coisas e não se preocupar com a possibilidade de alguém mexer nelas. A integração tecnológica sem atritos, o suporte ao sono e ao bem-estar e formas que a tecnologia pode pensar por eles para ajudar a equilibrar trabalho e lazer os ajudariam ainda mais.

Mentalidade 8: Criativos caóticos

Finalmente, chegamos aos criativos caóticos. Navegadores quando se trata de tecnologia e Acolhedores no que diz respeito à criação de um lar acolhedor e confortável, esse tipo tende a ser reservado e desorganizado. Usam a tecnologia por conveniência, mas em geral relutam em investir nela. Os criativos caóticos se perdem em suas atividades e muitas vezes se esquecem de organizar e limpar a casa até que haja uma razão, como receber uma visita, por exemplo. Eles querem se sentir seguros em casa — física e virtualmente. Querem viver em uma casa que seja confortável e produtiva, onde tenham tempo para a vida pessoal e os passatempos. Assistidos pela tecnologia, eles trabalham em casa, encomendam comida para entrega e assistem aos seus programas favoritos por *streaming*. Coisas que poderiam melhorar a vida deles são lembretes para as tarefas diárias, suporte automatizado para limpeza e organização da casa, espaço flexível para diferentes atividades e qualquer forma de ajuda para administrar o equilíbrio entre trabalho e vida pessoal.

Três temas-chave

Ao analisar essas oito mentalidades, surgiram três temas psicossociais relevantes que precisam ser mantidos em mente pelos fornecedores de tecnologia, serviços e produtos para os mercados do Lar do Futuro. O primeiro é "identidade", pois isso impacta o significado de "lar". O segundo é a "revolução espacial", focado nas necessidades multiúso na casa de hoje e evoluindo para sentir-se em casa em qualquer lugar. A terceira são "tensões tecnológicas", que analisam como as pessoas se adaptam com novas tecnologias.

Identidade

Nosso senso de identidade está entrelaçado com a casa. Como mostram as oito mentalidades em nossa tipologia, todos nós temos ideias distintas sobre o que significa lar e qual sensação ele transmite para nós individualmente. A partir dessas várias perspectivas, olhamos de maneira diferente para necessidades como segurança, conforto e estar no controle. A oportunidade comercial é encontrar maneiras de adaptar o projeto do Lar do Futuro a essas diferentes noções do que significa lar para cada mentalidade e como elas podem mudar com o tempo com eventos da vida, como ter filhos, mudar de emprego, semiaposentadoria ou se tornar avô.

A primeira coisa que o lar precisa ser é confortável. Conforto pode significar qualquer coisa, desde o acesso a fotos de amigos e familiares até o espaço que lhe permita ser você mesmo sem julgamento. Para pais drone, é necessário ser privado e seguro, com todo o essencial. Para avós "antenados", é um lugar de reflexão e reconhecimento, com realizações de vida em exposição. Para os mestres da ambientação, é um lugar único e alegre para descansar e rejuvenescer. Para avós sociais, é um lugar acolhedor e aconchegante para se descansar de um dia agitado.

Depois há a segurança, ela própria comandando um amplo espectro de entendimento por meio das oito mentalidades. A sensação de segurança não vem necessariamente apenas de uma fechadura na porta da frente ou de um sistema de segurança de alta tecnologia. Às vezes, ele vem de estar cercado pelas coisas favoritas de alguém em um ambiente agradável. Para pais que se adaptam à moda, a ideia de segurança é um sistema de alarme físico e estar cercado pela família. Para pais drone, é ter um sistema de segurança física e ser monitorado por detectores de monóxido de carbono e de segurança contra incêndio. Para avós "antenados" e avós sociais, tudo se trata de localização e vizinhança. Estar no controle também é diferente para diferentes mentalidades. Para alguns, os aplicativos e dispositivos atuam como ferramentas de capacitação. Para outros, estar no controle significa ter um espaço limpo e organizado e a capacidade de manter uma rotina simples. Para avós sociais, trata-se do smartphone que o mantém conectado aos amigos e à família. Para o criativo caótico, poderia ser um ritual matinal de café da manhã enquanto verifica os sites favoritos. Para os mestres da ambientação, poderia ser o assistente de voz que permite a produtividade.

Revolução espacial

A ideia do uso tradicional do espaço dentro de uma casa está desaparecendo à medida que cada vez mais tecnologia chega aos lares. Quartos abertos e multiúso estão se tornando comuns, usados para atividades como comer, fazer exercícios, dormir, trabalhar e muito mais. Com a abordagem "sempre ativa" do emprego, e a popularidade do trabalho remoto em certos dias, os limites entre a casa e o escritório ficam difusos.

Os lares, portanto, precisam ser fluidos e flexíveis para responder a essas necessidades em mudança. Essa revolução espacial impulsionada pela tecnologia não dita mais demarcações físicas. O uso de dispositivos conectados em casa significa que as pessoas podem estar no mesmo espaço físico, mas também habitar outros reinos, por exemplo, por meio das mídias sociais no ciberespaço ou de um gêmeo volumétrico digital.

Depois que o Lar do Futuro for harmonizado e os espaços existentes se tornarem mais polivalentes, ele evoluirá em uma segunda fase na qual partes ou cômodos da casa se tornarão bens monetizáveis que poderão ser alugados a outros por períodos de tempo definidos.

O Lar do Futuro poderia então entrar em uma terceira e última fase, "em casa em qualquer lugar", libertando os usuários das paredes físicas da casa. Essa é a verdadeira realização da vida hiperconectada. Você poderá trazer suas fotos e preferências pessoais para um carro autônomo no caminho para o trabalho. Você será capaz de alugar sua casa em uma economia compartilhada enquanto estiver fora da cidade em uma viagem de trabalho hospedado em um hotel, mas também projetando toda a sensação de sua casa no quarto de hotel. A importância do tema da identidade torna-se mais clara aqui: usar a verdadeira compreensão humana para orientar novas tecnologias disruptivas como 5G, análise de *big data* e edge computing significará que você poderá trazer a identidade de sua casa e seu próprio senso de identidade, que depende dela, para qualquer outro espaço.

Tensões técnicas

Os rápidos avanços da tecnologia trazem muitos benefícios e muito mais flexibilidade para a vida doméstica. No entanto, muitas vezes optamos por manter hábitos diários inflexíveis e, apesar dos enormes avanços na tecnologia, as rotinas das pessoas ainda são muitas vezes tradicionais e de baixa tecnologia. Elas acordam com um alarme analógico de cabeceira, fazem café no fogão, se deslocam usando trens, ônibus ou bicicletas, voltam para casa, passeiam com o cachorro, cuidam do jardim, vão dar uma corrida, assistem à TV e assim por diante.

Tecnologia demais, exigindo atenção, pode causar desconforto e angústia, com confusão criada por múltiplos dispositivos nas casas. Acreditamos que qualquer pessoa que cria produtos e serviços para o Lar do Futuro em 5G precisa entender e racionalizar essas tensões, enquanto ainda usa a tecnologia para melhorar as experiências em torno das rotinas e dos rituais diários dos usuários.

A tecnologia e as mídias sociais criam uma conexão instantânea com o mundo fora de casa. Grupos de mensagens, aplicativos de rastreamento e chamadas de vídeo facilitam isso. Mas também podem ter efeitos destrutivos sobre as pessoas, isolando-as das pessoas com quem dividem a casa ou que moram ao lado. Precisamos recuar e olhar para as tensões que os dispositivos inteligentes criam nos lares e nos usuários. Equilibrar isso com diferentes experiências em casa será muito útil e um bom negócio para os fornecedores de tecnologia doméstica. Juntos, podemos remover o "sozinhos juntos".

Outra questão que precisamos pensar está relacionada à segurança e à privacidade, especialmente no que diz respeito, mais uma vez, à proliferação de múltiplos dispositivos interligados em casa. Há uma enorme questão de confiança a ser gerenciada pelos provedores de tecnologia doméstica em relação aos usuários finais.

As tendências, as personalidades e os temas destacados neste capítulo formam uma base para pensar sobre a direção de novos modelos de negócios em torno do Lar do Futuro.

Lições

1 Megatendências, como o surgimento de estilos de vida hiperconectados, o conhecimento tecnológico das gerações mais jovens, o envelhecimento no local e uma atitude de "faça para mim" definirão as variações do mercado do Lar do Futuro.

2 As mentalidades específicas de todos os tipos de usuários do Lar do Futuro podem ser identificadas como uma mistura distinta entre "Arrebatadores", "Acolhedores", "Exploradores" e "Navegadores".

3 As empresas que atendem o mercado do Lar do Futuro devem considerar tipos sociodemográficos como ponto de partida para soluções tecnológicas — e não o contrário.

3
De casos de uso a casos de negócios

RESUMO DO CAPÍTULO

....

Acabamos de ver como será diversificada a sociologia da vida doméstica no Lar do Futuro. Diferentes grupos sociodemográficos precisarão de conjuntos de tecnologia diferentes para dar suporte a serviços especificamente adaptados às suas necessidades. Portanto, vale a pena observar mais dois cenários da vida doméstica diária, um que não esteja apenas confinado a uma única pessoa, mas envolva toda uma família (do tipo pais que se adaptam à moda) e um que implique envelhecimento no local e cuidados domiciliares avançados (pais drone e avós sociais). Em ambos os casos, a tecnologia do Lar do Futuro deve ser inteligente e responsiva o suficiente para identificar diferentes membros da família e suas necessidades e preferências individuais, mas também para se comunicar significativamente com prestadores de serviços de fora do lar e até mesmo com outros Lares do Futuro. Ambos os casos de uso ainda estão nas pranchetas das equipes da Accenture 5G Future Home. Mas eles têm uma boa chance de muito em breve se tornarem casos de negócios da vida real.

....

Cenário de vida 1: Vida em casa para os pais que aderem à moda

É final da tarde em uma casa de família em um bairro residencial. Paul e Susan moram aqui com os três filhos: Winnie (dois anos), Eaton (seis anos) e Katherine (dez anos). Com uma casa cheia, por sorte a grama do jardim está sendo aparada por um cortador de grama autônomo. Isso libera o jovem pai Paul para passar momentos preciosos com a criança de dois anos da família, a quem ele está ensinando a contar. Os números de um a cinco parecem ser fixados pela menina sem problemas, mas os de seis a dez ainda representam um desafio.

Assistência inteligente no cuidado das crianças

Do hall de entrada, Susan chama o marido. Paul deixa Winnie com um panda de brinquedo inteligente. "Continue a ensinar os números de seis a dez, por favor", diz ele. O fofo robô panda entra imediatamente como educador, dizendo "Oi, Winnie" para a criança. Em seguida, ele lhe passa um vídeo no qual dez palitos coloridos são colocados um de cada vez, encorajando Winnie a tocar os palitos de seis a dez, enquanto os números são cantados com música.

Tecnologia plug-and-play sem complicação

Mais cedo, Eaton, de seis anos, havia jogado uma bola no teto, infelizmente quebrando tanto o detector de fumaça quanto a câmera conectados. O assistente digital detectou o som e percebeu que o detector de fumaça e a câmera conectados não estavam on-line. Ele analisou então os últimos segundos do vídeo da câmera conectada para ver uma bola se aproximando da lente em alta velocidade, e então perguntou a Susan se ela gostaria de encomendar a reposição de ambos. Susan concordou e os dispositivos foram entregues por um drone uma hora após o pedido. Não há necessidade de ler a etiqueta e verificar a compatibilidade, já que todos esses dispositivos estão conectados a uma rede sem fio 5G harmonizadora.

"Estou aliviada por termos mudado o plano com nosso fornecedor para um modelo Lar do Futuro Como Serviço", diz Susan a Paul, que segura a escada enquanto a esposa sobe para conectar os novos dispositivos.

O trabalho leva 45 segundos. Conforme os comentários de Susan, os dispositivos são itens fáceis, *plug-and-play*, com encaixe e prontos para uso. O Lar do Futuro da família reconhece os dois dispositivos de hardware instantaneamente, os conecta à rede e os adiciona à conta mensal "Lar do Futuro Como Serviço". Desde o primeiro momento de conexão, ambos os novos dispositivos de reposição falam com todos os componentes de hardware e software de que precisam para oferecer uma experiência de usuário de serviço e qualidade perfeita para a família. Tudo isso é possível porque os dispositivos são equipados com algoritmos inteligentes e trabalham em protocolos padrão acordados em toda a indústria de hardware. Paul e Susan estão felizes em pagar por tais níveis avançados de serviço quando isso significa que a tecnologia não lhes causa aborrecimentos. Não há necessidade de um arquiteto de soluções coçando a cabeça ponderando a compatibilidade dos produtos, conectando dispositivo por dispositivo manualmente a roteadores Wi-Fi ou a outros dispositivos de hub por meio de procedimentos de configuração complexos.

A casa que conhece cada habitante pessoalmente

Enquanto isso, Katherine, a mais velha, está no espaço comum da casa, e a assistente digital a reconheceu. Ela sabe que o dever de casa de Katherine foi concluído porque a ajudou a carregá-lo para a pasta da nuvem da escola, então, usando sua assistente de voz equipada com câmera, pergunta se Katherine quer jogar um jogo. "Você quer continuar de onde parou [no smartphone durante a viagem autônoma de ônibus da escola primária para casa]?" Katherine apenas acena com a cabeça e o jogo começa. Agora que ela está em casa, as paredes mostram o jogo por toda a sala, imergindo Katherine, e não há caixas de console para conectar à TV, nem fios ou entradas para conectar.

Enquanto isso, Paul está na cozinha. Pega o leite da geladeira e serve um copo, sem sentir nem um pouco de culpa por ter acabado com o conteúdo da embalagem. Ele sabe que a geladeira equipada com sensor ótico, conectada ao centro de visão de dados visuais do Lar do Futuro, instantaneamente adicionou leite à lista de compras que será entregue pouco antes da hora do jantar. Em seguida, o sistema de segurança do Lar do Futuro faz um anúncio: "Um gato de rua entrou no quintal". Em um vídeo exibido na porta do refrigerador, o gato está prestes a usar o canteiro recém-plantado como uma caixa de areia. O Lar do Futuro expulsa o animal emitindo um som repelente. "Foi mostrada a saída para o gato perdido", diz o sistema a Paul.

Check-up em casa

Enquanto isso, Susan faz seu exame físico anual de rotina. Entra em um pequeno quarto designado no Lar do Futuro e fecha a porta. Instantaneamente, sua médica de cuidados gerais aparece nas paredes interativas. "Oi, Susan, como estamos hoje?", pergunta ela. Os sinais vitais são tomados em tempo real e enviados para o registro digital de saúde que a médica vê: o peso é medido pela pressão nos sensores do chão, o pulso e a pressão sanguínea pelo relógio inteligente, a temperatura do corpo pelos sensores do quarto. Paul e Susan compraram esse serviço básico de seu CSP, que reúne todos os serviços do Lar do Futuro para eles. O pacote "Físico Remoto — Básico" é um serviço oferecido em parceria entre o CSP e o seguro de saúde da família, que concede descontos de apólice quando os resultados dos testes de saúde dos clientes são bons. "Tudo certo. Como discutimos, vou pedir os comprimidos de vitamina D através de um drone e nos vemos daqui a um ano", diz a médica.

Levando a casa com você aonde quer que vá

Ter uma consulta médica em casa permite mais tempo para desfrutar de tempo extra com a família. Susan e Paul decidem levar as crianças a um novo parque temático. Quando Paul vai preparar Winnie, vê que o panda inteligente passou para os números de dez a quinze — e ele sabe que não teria feito isso a menos que os resultados de Winnie para aprender os de seis a dez fossem perfeitos. "Ótimo, Winnie, em breve você poderá contar até a minha idade", diz Paul.

Enquanto isso, Susan terminou de repreender Eaton por jogar bola dentro de casa, retirou Katherine do jogo imersivo, e todos entram no veículo autônomo. O Lar do Futuro nota a saída da família e se tranca. "Vejo vocês esta noite. Casa e arredores seguros. E ficarei de olho naquele gato vadio procurando por um banheiro", diz o sistema para a família enquanto eles saem. Paul está impressionado com as habilidades de conversação e até mesmo com o senso de humor do seu Lar do Futuro.

Na parte traseira do veículo, Winnie está jogando um jogo com base na localização em realidade aumentada (RA) sobreposta nos vidros do carro. Ele a ensina a contar os edifícios e explica as coisas que a menina está contando, como portas, janelas e os próprios prédios. Katherine está, enquanto isso, continuando uma versão do videogame em *streaming*. Paul e Susan assistem a prévias dos brinquedos do parque temático com o menor tempo de espera enquanto o veículo autônomo navega com segurança transportando a família.

Fomentando o convívio familiar

Após vinte minutos, o Lar do Futuro percebe que todos tiveram tempo suficiente de tela sozinhos, conforme as configurações que Paul e Susan concordaram anteriormente. Por isso, ele prepara as coisas para que todos possam brincar juntos no veículo autônomo em todas as janelas. Todos os cinco assentos se viram criando um ambiente de sala de estar no veículo autônomo e a família pega um simples jogo de tabuleiro analógico.

Cenário de vida 2: Saúde avançada em casa

Um casal de pais drone, Mingteh e Sumei Wang, tem três filhos com muitas atividades de fim de semana, como aulas de piano, prática de futebol e aulas de teatro. Dada a agenda de trabalho ocupada dos próprios pais drones, mais as pesadas atividades pós-escolares dos filhos, literalmente não há tempo para fazer a viagem de oito horas para visitar a mãe de Mingteh, YuPei, a única avó viva das crianças, que vive a seiscentos quilômetros de distância em uma área rural, mais de uma vez por ano. Isso é preocupante, pois a avó, de idade avançada, vive sozinha e acaba de chegar em casa após um derrame que a deixou com apenas setenta por cento de função no lado esquerdo do corpo. Após o derrame, ela foi do hospital para um centro de reabilitação intensiva para continuar com a fisioterapia para os grandes grupos musculares e a terapia ocupacional para os pequenos grupos musculares antes de ter alta e ir para casa.

Libertando os idosos para envelhecerem em casa

Como os pais drone acham difícil visitá-la com regularidade, e YuPei quer "envelhecer no local" — na própria casa, e não em um lar de idosos —, os pais drone precisam da ajuda de seu Lar do Futuro. YuPei é do tipo avós sociais, mentalmente lúcida e de bom humor. "Quero reaprender a usar os trinta por cento de funcionalidade que perdi da cabeça aos pés. E desejo fazer isso em minha própria casa, vivendo de maneira independente", disse ela após o derrame.

Mingteh e Sumei explicaram a situação de YuPei a um representante de seu CSP, Connect to Life (CTL). O representante respondeu que um centro de reabilitação subintensiva local poderia oferecer à família um seguro subsidiado "Solução 5G do Lar do Futuro para Envelhecer no Local". Ele seria instalado, faturado e gerenciado pelo CSP, haveria uma partilha de receita com o fornecedor do seguro e a instalação local de reabilitação subintensiva monitoraria diariamente os dados transmitidos pela solução do ponto de vista da reabilitação médica.

A família e a CTL providenciaram os pagamentos mensais recorrentes da conta dos pais drone e os formulários de consentimento de privacidade e segurança foram assinados tanto pelos pais drone quanto pela avó social. Em seguida, foi feita uma marcação para a instalação do DIFM da "Solução 5G do Lar do Futuro para Envelhecer no Local" na casa da avó social. Com isso feito, sua casa anteriormente rudimentar tornou-se um Lar do Futuro em 5G.

Adaptando uma casa antiga para novas necessidades

A solução compreende um assistente robótico equipado com sensores, câmeras com análise de vídeo, microfones, um dispensador de comprimidos inteligente, espelhos de exercício e integração de TV conectada. Quando YuPei acorda a cada dia, há um assistente robótico que a saúda no conforto de casa e a ajuda a manter o corpo firme fora da cama. O assistente robótico utiliza visão computadorizada e a IA em tempo quase real através de uma rede 5G para reagir e apoiar a avó social.

Como ela tem apenas setenta por cento de uso da perna esquerda, ainda leva tempo para se acostumar a tudo isso. Mas Mingteh e Sumei podem ter certeza de que há um risco muito limitado de queda e, se isso acontecer, o centro de reabilitação próximo será imediatamente alertado e enviará ajuda.

"Ela está fazendo um progresso notável", diz o médico local durante uma recente chamada de vídeo quinzenal. "Ela fez uma pequena visita à loja local pela primeira vez no outro dia". Os pais drone e, mais importante, os médicos, recebem um relatório de progresso relacionando as distâncias diárias percorridas e as medidas de estabilidade e ritmo de movimento. Esses dados alimentam de volta o sistema do Lar do Futuro, onde a ação do auxílio robótico para caminhar é recalibrada de acordo, para fornecer cada vez menos apoio, à medida que YuPei recupera a força.

Manter o contato com a avó através da tecnologia

YuPei chamou seu assistente robótico de "Mordomo". No início do dia, "Mordomo" a ajuda a se vestir, selecionando roupas que foram limpas, passadas e dobradas na noite anterior. Enquanto ela se veste, seu Lar do Futuro projeta um feed com as últimas 24 horas de posts de mídias sociais nas paredes do banheiro. Por meio de gestos e voz, ela pode dar *like* ou comentar e acompanhar a família, e mantê-los atualizados sobre ela. "Eu disse hoje ao 'Mordomo' que talvez eu o demitisse em breve, pois poderia não precisar mais dele", diz, ditando um post de mídia social sob uma fotografia dela e do assistente robótico. "Mas eu também disse que ele pode ficar por perto."

Monitoramento e manutenção constante da saúde

Após a caminhada monitorada e assistida até o banheiro e de escovar os dentes pela manhã, um conjunto de sensores na pia analisa sua saliva descartada para captar sinais de saúde geral e qualquer progressão de doença. Esses dados são transmitidos ao centro de reabilitação local para triagem automatizada.

Enquanto isso, a cozinha prepara o café da manhã a partir de ingredientes de uma dieta sob medida entregues todas as manhãs. Uma câmera com análise por vídeo rastreia quanto de cada refeição YuPei consome. O sistema também utiliza tecnologia 5G e edge computing para detectar em tempo quase real qualquer problema de mastigação ou deglutição em seu lado esquerdo, o que poderia sinalizar outro problema médico, como um segundo derrame.

Após o café da manhã, YuPei recebe um aviso para tomar os medicamentos para hipertensão e os anticoagulantes, cada um da caixa de comprimidos inteligente que administra a quantidade, a aderência ou a redução de cada medicamento, enviando as informações ao médico, à companhia de seguros ou à farmácia para um incentivo de desconto mensal. Quando YuPei olha para o espelho inteligente de exercícios, a voz de um personal trainer a orienta por meio de uma rotina de recuperação do derrame. O espelho compartilha resultados e dados da terapia ocupacional, da fisioterapia e dos testes cognitivos com uma nuvem unificada que ajuda a analisar o progresso e ajusta as rotinas de treinamento com base nesse progresso. Uma vez terminados os exercícios, o espelho se transforma em uma tela para seu canal familiar pessoal. YuPei vê um fluxo de imagens, mensagens, vídeos e transmissões ao vivo da casa dos pais drone, dos dispositivos móveis e dos veículos autônomos — incluindo os telefones dos netos.

Lições

1 A vida moderna é ocupada e, portanto, as pessoas estão ansiosas para automatizar tarefas corriqueiras, resolver questões atuais e prever riscos futuros. Para corresponder a essas exigências, a tecnologia doméstica deve ser adaptada às necessidades reais dos moradores para ser eficaz.

2 Conveniência e funcionalidade *plug-and-play* sem complicações criam uma experiência ideal para o usuário.

3 Aplicada com ponderação, a tecnologia pode unir as pessoas em casa em vez de torná-las "sozinhas juntas".

4 Os casos de uso do Lar do Futuro também podem aliviar a pressão sobre a sociedade: com o envelhecimento no local no Lar do Futuro, por exemplo.

4

Transformando casas em Lares do Futuro 5G

RESUMO DO CAPÍTULO

Os exemplos da vida real nos Capítulos 1 e 3 ilustraram os enormes benefícios que a tecnologia do Lar do Futuro pode ter para a vida de muitos grupos de pessoas. Mas, para que esse potencial seja realizado, as limitações das tentativas anteriores das empresas de criar o lar conectado devem ser superadas. A grande fragmentação dos padrões de hardware e software, arquiteturas ponto a ponto e pesados silos de dados ainda apresentam barreiras resistentes. Em breve, porém, o 5G, em combinação com tecnologias como eSIM, edge computing e análise avançada, resolverá esses problemas, permitindo que os mercados do Lar do Futuro se desenvolvam e cresçam consideravelmente. Neste capítulo, explicamos o que faz do 5G não apenas um avanço em relação aos padrões de telefonia anteriores, mas um salto geracional com o poder de transformar indústrias inteiras e a maneira como vivemos. Embora isso exija entrar em detalhes mais técnicos do que em qualquer outra parte do livro, pensamos que muitos leitores acharão útil compreender a capacidade única do 5G de concretizar o Lar do Futuro.

A década de evolução da tecnologia digital doméstica é uma história de fracassos repetidos para criar uma experiência bem fundamentada e, portanto, adotada em massa. As arquiteturas de tecnologia da informação e a conectividade têm sido muito fragmentadas e improvisadas, o que resulta em conjuntos complexos de dispositivos domésticos, com soluções focadas em problemas isolados — dificilmente os alicerces para uma atraente adoção em massa e experiências do usuário para atender à megatendência DIFM do consumidor. Sim, agora existem termostatos conectados que aprendem e ajudam os consumidores a economizar energia. As campainhas com vídeo oferecem segurança, e os alto-falantes de assistentes domésticos conectados facilitam a obtenção de informações em casa. E algumas soluções de hubs de conectividade doméstica receberam boas críticas, integrando várias das tecnologias sem fio usadas nas residências. Mas a realidade geral deste zoológico de dispositivos é preocupante, dado como todos eles poderiam se unir de maneira muito mais eficaz para criar uma experiência incrível e que melhora a vida dentro do Lar do Futuro.

O até agora limitado sucesso da tecnologia doméstica conectada

Olhando para os *players* que serão fundamentais para Lares do Futuro — fornecedores de serviços de comunicação (CSPs), fornecedores de plataformas e aplicativos e fabricantes de hardware —, nenhum deles ainda superou todos os obstáculos críticos para impulsionar a adoção em massa pelo mercado.

Os CSPs, como dissemos na introdução, podem ser um para-raios para as mudanças tão necessárias em casa. Muitos, entretanto, lançaram suas ofertas sem primeiro encontrar os parceiros certos. Note que os CSPs estavam entrando no mercado doméstico a partir de uma posição de força: as enormes vantagens de seu papel tradicional como fornecedores de conectividade "última milha" para residências — a última etapa da cadeia de valor da conectividade interligando residências com dados de banda larga. Os CSPs também têm relações diretas com os clientes e, portanto, um enorme poder de distribuição, e ainda têm uma pontuação extraordinariamente alta nos rankings de confiança dos consumidores em termos de confiabilidade e segurança.[1] No entanto, a falta de parcerias significa que eles têm sido incapazes de tirar proveito dessa posição. As empresas com as quais precisariam trabalhar, como fabricantes de hardware, estavam no início, e sem eles não havia como fornecer um conjunto adequado de soluções verdadeiramente harmonizadas e conectadas.

Por outro lado, quando os fornecedores de plataformas e aplicativos estavam prontos para entrar nos primeiros mercados de tecnologia doméstica, tiveram sucesso ao entrar com hardware. No começo, o foco do hardware estava em adicionar conectividade aos equipamentos domésticos existentes, como a campainha da porta ou criar novos dispositivos, como o alto-falante conectado, que introduziu um assistente digital no mercado. Se pensarmos nos termostatos do Google Nest ou nos alto-falantes Echo da Amazon, temos histórias de sucesso em termos de soluções com foco em resolver problemas comparativamente pequenos em casa. Mas o hardware não era o objetivo principal. Os fornecedores da plataforma aproveitaram esse novo hardware para coletar mais dados no mercado doméstico inicial para alimentar seus principais modelos de monetização de dados. Por natureza, essas plataformas dependem de muitos dados de usuários para entender o contexto correto e fornecer recomendações.

Mais uma vez, é importante notar que foi caro para os fornecedores de plataformas e aplicativos entrar em um mercado novo como a tecnologia doméstica. Eles tiveram que construir ou adquirir capacidades de desenvolvimento de hardware para fazer disso um sucesso, comprometendo enormes orçamentos de investimento. A Amazon construiu o Lab126, e o Google adquiriu estrategicamente o Nest, especialista em tecnologia doméstica, por 3,2 bilhões de dólares.[2] No entanto, mesmo depois de desenvolver internamente um recurso ou por meio de aquisição estratégica, ainda há necessidade de parcerias para possibilitar vários processos de desenvolvimento de dispositivos, tais como projeto e engenharia de hardware, desenvolvimento e integração de software, acesso direto ao cliente, canais de distribuição e redes. E, o mais importante: atualmente os provedores de plataformas não têm acesso a dados sobre outros dispositivos ou ecossistemas com os quais ainda não tenham criado parcerias. Desde cedo, os provedores de plataformas se concentram no desenvolvimento de produtos para capturar participação de mercado; uma consequência disso poderia ser um menor foco inicial no compartilhamento de informações.

Por fim, há os fabricantes de hardware puro que também se debateram com a atual conexão doméstica. Muitas vezes, o modelo de negócios e a maturidade da indústria dos dispositivos domésticos tradicionais, tais como TVs e eletrodomésticos de grande porte, trouxe a comoditização. Eles estavam em um patamar muito consolidado de mercado onde o preço estava se tornando um dos poucos fatores de diferenciação. Com poucas escolhas, uma vez que as margens continuavam a diminuir, os fabricantes de hardware começaram a visar segmentos específicos de clientes usando hardware existente, mas com maior personalização e recursos adicionais como conectividade, para desbloquear novas possibilidades de uso, como a campainha de vídeo conectada; ou criaram mercados totalmente novos, como alto-falantes conectados. Mas a questão ainda era que os fabricantes tradicionais de hardware e dispositivos não tinham grande capacidade de desenvolvimento de software ou de desenvolvimento de ecossistemas.

Ao lado dos CSPs e fabricantes de hardware, há os criadores de plataforma e os gerentes de aplicativos e conteúdo, ambos dependendo de quais insights de dados foram capazes de reunir no mercado de tecnologia doméstica inicial. Mais uma vez, as recompensas têm sido muito limitadas. Por quê? Porque os fabricantes de dispositivos buscaram abordagens proprietárias com suas soluções ponto a ponto, sem compartilhar quase nenhum dado com outras plataformas.

A Signify, anteriormente Philips Lighting, fabricante de luminárias, LEDs e soluções de iluminação, é um exemplo positivo ainda raro de um fabricante de hardware que, como uma questão de estratégia, disponibiliza seus dados para uso de terceiros. A Signify foi um dos poucos fabricantes tradicionais de hardware capaz de construir software e criar uma plataforma de dados. A empresa criou um ecossistema aberto que fornece esses dados para que aplicativos de terceiros possam ser desenvolvidos e utilizados no hardware Signify. Em princípio, esse hardware pode se conectar e fornecer dados a todos os outros dispositivos conectados, de modo muito semelhante ao sistema operacional Android multilateral que torna os dados disponíveis em todas as direções, proporcionando interoperabilidade entre todos os outros dispositivos conectados.[3]

Existem outras alternativas para os fabricantes de hardware. Poderiam seguir o exemplo da Apple, no qual o criador do hardware é o organizador e decide quem pode trabalhar com dados compartilhados. Ou poderiam estabelecer um mecanismo de plataforma usando tecnologia de *blockchain* que permite aos criadores de dados originais dar permissão controlável para uso posterior por terceiros selecionados individualmente.

Independentemente das posições iniciais dos CSPs, fornecedores de plataformas ou fabricantes de hardware, todos no ecossistema conectado permaneceram vinculados às restrições de conectividade da era pré-5G. O Wi-Fi tem sido o padrão de conectividade sem fio predominante na maioria dos lares. Também surgiu uma tecnologia similar de rede de área pessoal sem licença, como Zigbee ou Z-Wave, mas requer outro hub, além de um gateway Wi-Fi que já exige espaço em cada casa. Os fabricantes de hardware tentaram tirar o melhor proveito disso e usaram redes Wi-Fi e redes de área pessoal de baixa potência como sua proposta de conectividade de "melhor esforço". Embora as tecnologias baseadas em Wi-Fi sejam baratas, elas não são confiáveis ou seguras o suficiente para oferecer experiências de serviço privado e seguro em casa.

Esse tipo de conectividade fragmentada em alguns momentos também inibiu o fluxo e a penetração de dados. A onipresença de dados é um fator crucial para organizar ofertas de serviços de qualidade que antecipam o comportamento do consumidor. Para colocar isso em termos concretos, um ambiente doméstico deve estar tão interligado que seja capaz de tirar suas próprias conclusões a partir de uma ampla gama de suas "observações" orientadas por dados. Por que, por exemplo, o aspirador não poderia começar a trabalhar às oito da manhã de hoje? Porque o Lar do Futuro conectou alguns dados: o chuveiro não estava funcionando no horário habitual, a temperatura do termostato foi elevada acima do nível normal e também indicou que alguém tinha se movido várias vezes à noite pelo quarto, o assistente de alto-falantes conectado tinha sido consultado sobre dores musculares, a caixa de comprimidos inteligente sabia que o ibuprofeno tinha sido tomado e o Departamento de Saúde tinha relatado um surto de gripe em uma escola primária próxima, onde o morador trabalha. De todas essas entradas secundárias, a conclusão primária é que o morador da casa vai ficar doente na cama hoje, de modo que o barulho e a interrupção do aspirador podem esperar um dia ou dois. O morador pode então dormir tranquilamente sem sequer se preocupar com o fato de que a rotina comum vai perturbar a recuperação e o descanso tão necessários. Mas esse nível avançado de compartilhamento e correlação de dados requer padronização, incentivos do modelo de negócios e benefícios da cadeia de valor para todos.

Além de toda a fragmentação entre os CSPs, fabricantes de hardware e fornecedores de plataformas, também houve o tipo de problema de amadurecimento que se esperaria com qualquer nova tecnologia: campainhas inteligentes confundindo um arbusto se movendo com o vento com atividade na porta da frente e constantemente enviando videoclipes de um arbusto em movimento enquanto o usuário está em uma reunião importante. Ou alto-falantes inteligentes acordando e reagindo por engano a alguma coisa em um programa de televisão e dando uma resposta estridente enquanto uma criança adormece.

Além disso, existem outros quatro obstáculos que têm impedido que a tecnologia doméstica conectada e os prestadores de serviços estejam à altura das expectativas dos consumidores e, assim, desenvolvam um mercado de tecnologia razoável e coerente do Lar do Futuro. A fim de entender como eles podem ser superados — sobretudo com a ajuda do 5G —, será instrutivo analisá-los em detalhes.

Altos preços de dispositivos domésticos conectados

O primeiro obstáculo é o custo inicial. Ainda há uma enorme diferença de preço entre dispositivos não conectados e conectados. A Figura 4.1 dá alguns exemplos instrutivos.

Figura 4.1 Comparações de preços entre dispositivos conectados e não conectados[4]

Dispositivo doméstico	Não conectado	Conectado	Diferença aproximada em US$	Aumento percentual
Geladeira	$2.000,00	$3.500,00	$1.500,00	75%
Fechadura da porta	$35,00	$150,00	$115,00	329%
Lâmpada	$2,00	$10,00	$8,00	400%
Campainha	$16,00	$130,00	$114,00	713%
Aspirador de pó	$50,00	$500,00	$450,00	900%
Tomada elétrica	$1,00	$15,00	$14,00	1.400%
Termostato	$14,00	$250,00	$236,00	1.686%

Resumindo: em média, os dispositivos conectados de hoje — de refrigeradores a termostatos — podem custar de 150 a dois mil por cento a mais, dependendo do tipo de hardware. Essas diferenças de preço têm sido muitas vezes justificadas, pois tecnologia de ponta e componentes como processadores, sensores e software de IA são incorporados nos dispositivos conectados, com cada componente carregando uma pesada etiqueta de preço.

Mas é improvável que as grandes diferenças de preço se mantenham, no caso de dispositivos conectados que sejam bem-sucedidos. Assim que os consumidores decidirem que um dispositivo doméstico conectado agrega valor, a demanda aumentará e as economias de escala irão baixar os preços dos dispositivos. Por exemplo, os televisores não estão listados na tabela porque agora é difícil comprar um televisor não conectado. E, se você encontrar um, a diferença de preço é mínima em comparação com uma televisão conectada.

Entretanto, as propostas claras de valor necessárias para atingir a escala dependem de um organizador eficiente para ajudar a harmonizar a experiência doméstica proporcionada por todos os dispositivos. Isso é o que lhes permitirá fazer parte de lares mais inteligentes, depois de lares mais automatizados e, por fim, o Lar do Futuro que será preditivo, pensará para seu morador e permitirá que o morador se sinta em casa em qualquer lugar.

Procedimentos de instalação nada práticos

O segundo obstáculo para o Lar do Futuro é a falta de praticidade. No mundo tecnológico de hoje, não é nada fácil estabelecer um conjunto de tecnologias sob medida para sua casa. Cada dispositivo requer uma configuração diferente, e um *plug-and-play* quase não é encontrado em nenhum lugar.

Em média, os consumidores investem 2,5 horas em instalação e suporte ao cliente, e falam com três pessoas diferentes para resolver problemas de instalação em casa, de acordo com a Pesquisa 360 de Experiência de Cliente e Produto do iQor.[5] O lar conectado foi feito para tornar nossa vida simples, mas a instalação dos dispositivos se revela um projeto de DIY que pode ser muito complicado. Os pesquisadores de mercado Parks Associates descobriram que 28 por cento dos proprietários de dispositivos domésticos inteligentes classificaram o processo de configuração como difícil ou muito difícil.[6] O mesmo relatório descobriu que, quando se pergunta aos consumidores do DIY como gostariam de instalar futuros dispositivos (não importa o custo envolvido), 41 por cento indicam que prefeririam algum tipo de assistência técnica.

Em outras palavras, as pessoas querem o DIFM em vez do DIY, principalmente no Lar do Futuro. De acordo com uma pesquisa recente da Accenture com mais de seis mil pessoas em treze países, mencionada no Capítulo 2, apenas 25 por cento dos consumidores de produtos e serviços domésticos conectados se consideram Exploradores, líderes ativos na adoção de novas tecnologias, produtos e serviços. Com base na mesma pesquisa, 63 por cento são mais do tipo Navegador de tendências, que só serão convencidos a viverem em um Lar do Futuro quando as coisas forem fáceis, testadas e aprovadas por outros e montadas para eles.[7]

Portanto, a casa conectada de hoje está presa na fase inicial pioneira da curva de adoção de tecnologia e com dificuldades para passar para a aceitação no mercado de massa.

Fragmentação

O terceiro obstáculo no caminho de um mercado próspero para o Lar do Futuro é a fragmentação da tecnologia. A conectividade doméstica tem sido construída para resolver casos muito específicos. Em ondas de expansão descoordenada, isso trouxe uma variedade de tecnologias e padrões para as residências. Os dispositivos usam padrões, faixas de frequência do espectro ou taxas de dados diferentes, percorrem distâncias distintas, requerem usos de energia diferentes e custam quantias de dinheiro diferentes para serem integrados.

Nas casas conectadas de hoje, um punhado de padrões de rádio trabalha lado a lado sem conexão: padrões Wi-Fi, ZigBee, Z-Wave, padrões celulares e mais. Há um excesso de protocolos de comunicação e perfis de tecnologia em uso que não se comunicam e não se informam mutuamente — algo que está impedindo a adoção em massa de soluções de Lar do Futuro sem descontinuidades.

Isso cria muito atrito para uma proposta de valor convincente para os consumidores. Para que as experiências dos usuários sejam excelentes, a tecnologia doméstica deve ser capaz de sentir tudo, compreender tudo, agir e aprender com tudo o que acontece no Lar do Futuro. Isso torna indispensáveis tecnologias de ponta, como a inteligência artificial (IA). Para os propósitos deste livro, quando falamos de IA, queremos dizer um conjunto de tecnologias que podem permitir a uma máquina ou sistema sentir, compreender e agir. Essas tecnologias de IA incluem, mas não estão limitadas a: correspondência de padrões básicos, aprendizagem de máquina, visão compucional, processamento de linguagem natural e análise aplicada. Mas essas tecnologias avançadas requerem fluxos de dados difundidos e acesso a uma enorme quantidade de dados não estruturados e estruturados.

Pode-se ver, então, a necessidade de conectividade universal. Essa é agora uma realidade na forma das normas 5G. Quando todos os dispositivos e serviços podem facilmente conversar uns com os outros e compartilhar dados, estamos no caminho certo para fazer da casa conectada o Lar do Futuro.

As desvantagens do Wi-Fi

O quarto obstáculo para os prósperos mercados do Lar do Futuro é o amplo uso do padrão sem fio Wi-Fi nos lares de hoje. Essa tecnologia de acesso sem fio gratuita em geral é aplicada sobre uma conexão de banda larga doméstica paga, conhecida como a "última milha" de fiação em residências, na maioria das vezes composta de cabo coaxial, linhas de assinantes digitais assimétricas (ADSL) baseadas em fibra óptica ou cobre, todas conectadas a uma rede principal.

As arquiteturas Wi-Fi envolvem alguns pontos de falha, tornando a tecnologia não confiável e às vezes menos segura em comparação com o 5G. A disponibilidade gratuita do espectro não licenciado pode, por exemplo, se tornar uma desvantagem em áreas densamente povoadas — como cidades ou até mesmo blocos de apartamentos, onde muitos usuários podem começar a lutar pelo espectro Wi-Fi, ocupando os canais disponíveis, retardando o sistema como um todo e também levando à interferência dos diferentes dispositivos do usuário. Mesmo os mais novos padrões Wi-Fi 6 e Wi-Fi HaLow são propensos a problemas de congestionamento e interferência. Por exemplo, o Wi-Fi HaLow ainda pode sofrer interferência, pois compartilha uma largura de banda com vários outros dispositivos domésticos, como telefones sem fio, controles de iluminação ou equipamentos de realidade aumentada. Há outros inconvenientes com o Wi-Fi em geral. Por exemplo, quando a energia elétrica é cortada, o usuário não pode ter certeza de que todos os dispositivos Wi-Fi se reconectarão automaticamente quando a energia voltar a ser ligada. Isso acontece porque os dispositivos conectados hoje em dia são feitos por diferentes fabricantes e, portanto, têm design e colocação de antenas ou qualidades de componentes diferentes. Dito isso, mesmo com 5G, os dispositivos de tecnologia não têm cem por cento de garantia de voltar ao serviço de maneira autônoma sem qualquer outra ação de reinicialização após cortes de energia.

Outra desvantagem do Wi-Fi é o curto alcance. Como acabamos de observar, o Wi-Fi usa bandas de espectro não licenciadas e compartilhadas, em geral na faixa de 2,4 GHz a 5 GHz. O que isso significa em termos práticos é que os sinais Wi-Fi percorrem apenas curtas distâncias, o que resulta em "zonas mortas" ou áreas de sinal muito baixo em algumas partes da casa. Além disso, os modems de banda larga Wi-Fi raramente são atualizados com o hardware ou software mais recente, levando ao rápido envelhecimento do hardware e todas as ameaças à segurança dos dados que o acompanham.

Os dados viajam em redes Wi-Fi apenas entre o dispositivo e o roteador. Em seguida, são alimentados em uma rede de linha fixa que restringe e impacta a velocidade do serviço, particularmente onde a conectividade de última milha é uma linha telefônica antiga (fios de cobre). Um jardineiro escavando no pátio da frente poderia acidentalmente cortar sua linha de banda larga. Alguns dispositivos ainda indicariam uma conexão Wi-Fi completa, mas sua conectividade real não funcionaria.

Por fim, há também o tempo de resposta relativamente longo do Wi-Fi. Por exemplo, cada provedor de serviços de internet deve construir, alugar ou fazer parceria com um conjunto de provedores de redes de fibra de longo curso ou de interconexão para chegar à internet. A maioria das soluções domésticas Wi-Fi usa o toque de um ícone de smartphone ou sua voz através de um alto-falante inteligente como controlador. Esse sinal ainda tem que passar por muitos pontos para alcançar um dispositivo doméstico conectado — razão pela qual as conexões Wi-Fi convencionais têm uma latência tão longa. A latência refere-se ao intervalo entre o estímulo e a resposta — entre o tempo que você pressiona um botão e o tempo que leva para que isso ative algo. Você deve ter se perguntado por que demora alguns segundos ou mais depois de pedir a seu assistente de voz do alto-falante conectado para ligar as luzes do seu quarto para que a ação seja executada. É porque o pedido tem que saltar por muitos arcos no seu caminho do comando para a ação. A Figura 4.2 mostra que há vários pontos de falha potencial ao longo de uma típica conexão Wi-Fi doméstica.

Figura 4.2 Pontos potenciais de falha de conexão em uma típica casa conectada Wi-Fi/Zigbee/Z-Wave

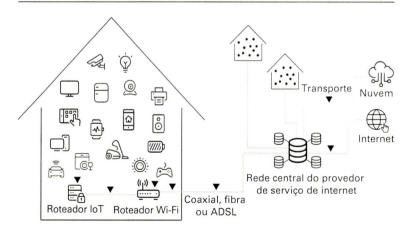

▼ Potenciais pontos de falha, incluindo espectro não licenciado e compartilhado sujeito a interferência e congestionamento

E quando você compara Wi-Fi com tecnologias celulares licenciadas, como o padrão atual de telefonia celular 4G LTE (ver Figura 4.3), torna-se evidente como o celular tem a vantagem em confiabilidade, segurança, mobilidade e roaming da rede. O alcance de cobertura por si só faz com que se levem em consideração a conectividade celular: cinquenta metros (aproximadamente) para Wi-Fi, em comparação com dezesseis mil metros para celular.

Ainda assim, a tecnologia Wi-Fi tem um ponto muito importante a seu favor — menor custo. Como um espectro disponível livremente, da perspectiva do usuário, ela pode ser comercializada com muito mais facilidade do que o 5G, que é vendido aos usuários finais como um contrato de telefonia móvel em execução com tarifas fixas, ou tarifas de volume com prestações mensais, planos com base em volume ou por uma taxa de conexão para compartilhar dados.

Figura 4.3   Comparando Wi-Fi com 4G LTE8

	2.4 GHz Wi-Fi	5 GHz Wi-Fi	4G LTE
Padrão tecnológico	802.11b/g/n	802.11b/g/n/ac/ax	3GPP releases 8–15
Faixas de espectro	2.4–2.5 GHz	5 GHz	Sub 6 Ghz
Taxa máxima de dados (download)	450–600 Mbps	até 1.300 Mbps	~1.000 Mbps
Faixa de cobertura	~40 metros (dentro de casa)	~15-20 metros	3.000-16.000 metros
Confiabilidade	Média	Média	Alta (99,999% de confiança)
Segurança	Média	Média	Alta (criptografado)
Mobilidade	Baixa (metros)	Baixa (metros)	Alta (quilômetros)

Como o 5G pode transformar a casa conectada no Lar do Futuro

A cada dez anos, aproximadamente, há um novo salto geracional na tecnologia celular. O 5G, como o nome sugere, é a quinta geração da tecnologia celular e com o atual 3GPP versão quinze padrão, o 5G promete três importantes melhorias em relação ao seu predecessor, o 4G:

- 10 Gbps de pico de taxas de dados para banda larga móvel aprimorada (eMBB);
- 1 milhão de conexões por quilômetro quadrado para a Internet das Coisas em Massa (mIoT);
- 1 ms de latência para comunicações ultraconfiáveis de baixa latência (URLLC).[9]

Esses aumentos teóricos de desempenho do 5G proporcionam uma enorme oportunidade para todos os tipos de indústrias, mas em especial para as que cooperam em um ecossistema de um Lar do Futuro.

A Figura 4.4 mostra o que os padrões celulares anteriores foram capazes de fornecer e que a conectividade sem fio foi durante muito tempo dedicada ao tráfego de voz e texto. Por volta de 2019, o início da internet móvel tornou necessária uma capacidade e uma velocidade de dados muito maiores, ambas entregues agora em 5G.

Figura 4.4 O desempenho crescente de cada geração de tecnologia celular[10]

1G	2G	3G	4G	5G
~1980	~1990	~2000	~2010	~2020
Voz	Voz, texto	Voz, texto, dados	Internet móvel	Maior velocidade, responsividade, e capacidade de se conectar a mais dispositivos
<2 Kbps Analógico Celular	<64 Kbps GSM, TDMA, CDMA	<42 Mbps UMTS, HSPA, EVDO	<1 Gbps LTE, LTE Advanced	
				>10 Gbps, novo rádio 5G, central independente

Novas faixas de espectro criam altas velocidades de 5G

As novas faixas de espectro e a quantidade de faixas disponível são o que tornam a tecnologia sem fio 5G tão poderosa. Nas gerações anteriores de tecnologia celular, não havia acesso ao espectro de banda alta entre 24 GHz e 300 GHz. A disponibilidade e a quantidade deste novo espectro, também chamado Onda Milimétrica (mmWave), são a base de como o 5G pode oferecer uma vantagem de velocidade exponencial acima do 4G.

Entretanto, embora a quantidade de espectro de banda alta vá ajudar a aumentar a largura de banda, a velocidade e a capacidade, ela sacrifica a distância de transmissão. Portanto, experiências bem-sucedidas de 5G exigirão uma mistura diversificada de bandas de frequência de espectro: bandas alta, média e baixa — todas as três definidas por comprimentos de onda individuais.

Onde as ondas pertencentes ao espectro de banda alta são curtas e podem atingir velocidade muito alta combinada com uma alta capacidade, elas só podem percorrer distâncias curtas medidas em metros. É exatamente o oposto com ondas de banda baixa, que podem percorrer distâncias muito longas, medidas em quilômetros. Mas não há grandes quantidades de espectro para a velocidade no espectro de banda baixa. Como você pode adivinhar, a frequência média da banda oferece uma boa mistura entre capacidade e cobertura.

Assim, cada uma das três faixas de frequência se adéqua a um caso de uso e aplicação diferentes, o que torna a tecnologia 5G versátil. Enquanto a banda alta é boa para cobrir áreas urbanas com alta capacidade de transmissão de dados e distâncias curtas entre um dispositivo de envio e recebimento, o espectro de banda média — usado até agora nos padrões predecessores 2G, 3G e 4G — é melhor para aplicações em tráfego em movimento, por exemplo, carros autônomos e para estádios e locais de eventos esportivos. O fato de que a banda baixa é melhor em penetrar paredes e oferecer uma vasta cobertura a qual a tornaria bem adequada para residências, mas também para vales estreitos. A Figura 4.5 mostra os respectivos pontos fortes de cada faixa do espectro.

Figura 4.5 Importância da utilização de espectro diverso em 5G

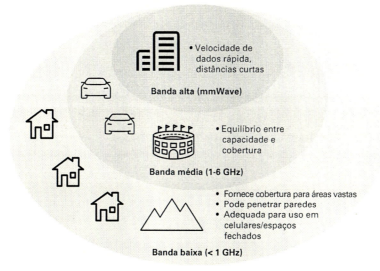

No Lar do Futuro, muito mais coisas serão conectadas e algumas poderão nem mesmo requerer a mesma largura de banda que o Wi-Fi fornece. Portanto, haverá a necessidade de transmissão de dados de dispositivos e sensores de baixa potência no Lar do Futuro. O Projeto de Parceria de Terceira Geração (3GPP) é um organismo de padrões que trabalha com padrões 5G. Ele indicou que a banda estreita da Internet das Coisas (NB-IoT), outro espectro designado, também fará parte do padrão 5G para apoiar casos de uso de baixa potência em área ampla (LPWA). A NB-IoT concentra-se na cobertura interna a um baixo custo usando baixa energia que pode estender o uso da bateria. A NB-IoT é uma tecnologia que pode transmitir pequenos pacotes de dados por longas distâncias.

O 5G é mais responsivo e confiável

Uma das coisas mais atraentes economicamente sobre a tecnologia 5G é a baixa latência, que impulsiona a alta capacidade de resposta de qualquer aplicação no Lar do Futuro. Em perspectiva: uma rede 4G LTE carregada tem uma latência estimada de cerca de oitenta milissegundos. Mas para transmitir, por exemplo, a realidade virtual ou a realidade aumentada para uma tela vestível requer uma latência mais baixa: algo entre vinte a cinquenta milissegundos para eliminar a sensação de *delay*. Isso não é problema com o 5G; ele pode proporcionar uma baixa latência teórica de menos de um milissegundo. A Figura 4.6 mostra o avanço que isso representa, comparando o 5G com outros fenômenos naturais e tecnológicos de baixa latência, indicando a enorme diferença que fará para as aplicações digitais de ponta.

Figura 4.6 Como o 5G se compara com a latência

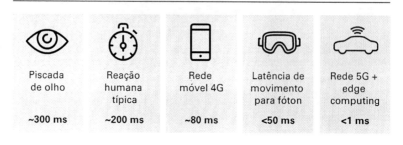

O 5G pode, entre outras coisas, consolidar a velocidade do Wi-Fi com o baixo consumo de energia dos padrões ZigBee e Z-Wave em um único padrão de tecnologia sem fio. Essa simplificação para um padrão de conectividade pode permitir que todos os dispositivos em 5G aproveitem a confiabilidade do celular 5G em comparação com os dispositivos ainda em Wi-Fi, Zigbee ou Z-Wave. A tecnologia celular é arquitetada para estar disponível até 99,999 por cento do tempo, o que significa que o celular 5G ficará inativo, em média, apenas 5,26 minutos por ano. Esse nível de confiabilidade é especialmente importante para áreas críticas de comunicação, como cirurgia remota e condução autônoma, mas também para a operação de dispositivos de monitoramento médico em casa.

O 5G pode conectar dez vezes mais dispositivos do que o 4G

A tecnologia 5G também tem o potencial de oferecer a plataforma fundacional que é tão urgentemente necessária para transformar a casa conectada no Lar do Futuro, resolvendo a fragmentação. Ela pode unificar os dados de uso em um só lugar para que o ecossistema sinta, compreenda, aja e aprenda, para que o Lar do Futuro ofereça serviços ricos em experiência.

Para dar uma ideia do que as novas oportunidades de negócios 5G oferecem, haverá 77 milhões de cidadãos estadunidenses com 65 anos ou mais em 2034, em comparação com cerca de 76,5 milhões com menos de dezoito anos.[11] Será a primeira vez na história dos Estados Unidos que adultos em idade avançada superam os menores de idade. Como mencionamos, o envelhecimento no local será uma característica muito importante da rotina nas próximas décadas, já que mais indivíduos tentarão manter a independência na idade avançada.

É difícil proporcionar paz de espírito aos membros da família de entes queridos que vivem longe. O monitoramento remoto contínuo, como descrito no Capítulo 3, de alguém envelhecendo no local, pode exigir até cem dispositivos conectados para garantir uma experiência confiável, segura e preditiva, ou talvez até mais. Vamos analisar isso.

São necessários até dez dispositivos para criar segurança e proteção suficientes para tal casa — desde câmeras de segurança de alta resolução até detectores de fumaça e CO_2 e campainhas conectadas. Outra dúzia de dispositivos e sensores é nececssária para monitorar a nutrição e o peso corporal — envolvendo uma geladeira, sensores e câmeras de despensa conectados que podem ajudar a reordenar os alimentos, bem como uma balança também conectada.

Estima-se ainda que são necessários até cerca de vinte sensores e dispositivos para monitorar a saúde de uma pessoa em idade avançada. Caixas de comprimidos conectadas, câmeras de rastreamento de movimento, banheiros e chuveiros, medidores de pressão sanguínea conectados, monitores de oxigênio e termômetros se enquadram nesta categoria.

São necessários até cerca de cinquenta itens de tecnologia adicionais para orientar a rotina geral e os fatores ambientais, desde termostatos conectados a plugues de iluminação inteligentes, alto-falantes conectados a sensores de qualidade do ar, umidade e movimento em todas as salas até recursos de entretenimento, como TV conectada e outros dispositivos móveis, como laptops e tablets.

Há claras limitações sobre o que as tecnologias Wi-Fi e 4G LTE podem fazer para executar uma configuração tão complexa sem problemas. Embora em teoria um roteador Wi-Fi pudesse, em uma versão padrão, conectar esse número de dispositivos por vez, a proximidade de cada dispositivo causaria problemas de interferência e desempenho porque todos os dispositivos têm que passar por alguns canais.

Mesmo um padrão sem fio 4G LTE teria problemas com dispositivos densamente conectados a certas saturações de dispositivos e sensores. Levando em conta o tamanho médio atual das casas nos Estados Unidos, poderia abranger cerca de 4.360 casas por quilômetro quadrado. Se essas casas de envelhecimento no local tivessem cada uma apenas cerca de cinquenta dispositivos ou sensores conectados, poderia haver uma densidade de cerca de 218 mil itens conectados por quilômetro quadrado. Isso seria o dobro do número de dispositivos que as redes atuais de 4G LTE podem suportar.

Em contraste, o 5G não teria nenhum problema. Ele pode conectar um milhão de dispositivos por quilômetro quadrado, o que é mais do que suficiente para lidar com a densidade de dispositivos e de sensor em residências novas para envelhecimento no local.[12]

Capacitadores compatíveis do 5G

Embora o 5G desempenhe um importante papel para acabar com a fragmentação da tecnologia e dos dados das casas conectadas de hoje, harmonizando as várias transmissões de dados em uma conexão segura e confiável, ele precisará de tecnologias complementares. As mais importantes são o eSIM, a edge computing e a análise avançada.

O eSIM resolve o problema de tamanho

Para que o 5G possa desbloquear a conectividade onipresente, cada dispositivo doméstico conectado precisa da capacidade de um cartão de módulo de identificação de assinante (SIM), como é usado hoje em dia em qualquer smartphone para identificar e conectar o dispositivo à rede. Um cartão SIM convencional armazena o número e a chave associada para identificar e autenticar assinantes. Mas dispositivos menores conectados no Lar do Futuro terão problemas para acomodar até mesmo o menor SIM atualmente disponível.[13]

A solução é um chamado "SIM incorporado" ou eSIM, que é soldado no dispositivo e não requer um slot de cartão SIM. Os eSIMs foram desenvolvidos pela Global System for Mobile Communications Association (GSMA)[14] e são programáveis, permitindo que as pessoas armazenem vários perfis de usuário em um único dispositivo ou para que um dispositivo remoto seja configurado com conectividade.

O edge computing remove a quilometragem da rede

Recentemente, a capacidade computacional se deslocou em grande parte para a nuvem — fornecendo capacidade computacional remota e centralizada acessível por meio de conexões com ou sem fio.

O conceito de nuvem centralizada é capaz de grandes feitos, tais como processamento de dados em massa, bem como armazenamento de *big data* e análise de dados. Mas também tem limitações quando se trata do Lar do Futuro, com alta latência e custos de transporte e retransmissão de grandes quantidades de dados.

Aqui entra o edge computing. Isto é, em poucas palavras, o renascimento do poder de processamento descentralizado. Ela é construída a partir da criação de pequenos centros de dados mais locais que, ao mesmo tempo, utilizam alguns dos melhores aspectos da abordagem centralizada da nuvem, como o poder de processamento e armazenamento. Resumindo, é parte da potência e da capacidade de armazenamento com menor latência. Essa nuvem mais local permite tempos de resposta mais rápidos e menor latência.

Lembra-se do exemplo de solicitar a um alto-falante conectado que acenda as luzes do início deste capítulo? A resposta lenta e imprevisível é porque o pedido viaja do alto-falante via Wi-Fi até o roteador, depois através da conexão de banda larga à rede central e por fim até um centro de dados distante. Esse centro de dados processará a solicitação para ligar as luzes e enviará as instruções de volta através do mesmo caminho complicado para ligar cada luz. Por outro lado, a computação 5G, somada ao edge computing, fará tudo em um centro de computação local e mais próximo, tornando-o muito mais rápido — uma configuração que reconhecidamente também funcionaria com Wi-Fi em combinação com o edge computing.

Análise de dados avançada para dispositivos mais inteligentes

A capacidade de transmitir grandes quantidades de dados está indo bem, mas para realmente fazer uso dela para determinar as atividades de seus dispositivos você também precisa de análise de dados avançada.

As soluções domésticas conectadas de hoje já podem organizar grandes quantidades de dados para corresponder aos padrões de uso. Mas essas rotinas de correspondência de padrões, da maneira como são utilizadas nos lares conectados de hoje, podem, na verdade, frustrá-lo. Por exemplo, o termostato da sala de estar pode ter estabelecido, via correspondência de padrões, que você em geral sai para o trabalho todas as manhãs às oito e meia da manhã, no inverno. Em seguida, ele baixa o aquecimento para economizar dinheiro. Mas e quando você fica em casa doente e não quer ter que se levantar para aumentar a temperatura de novo? A combinação de padrões falhará. Aqui é onde você precisa de mais dados alimentados através de ferramentas analíticas avançadas para identificar contextos específicos e recomendar a ação apropriada. Simplificando, o sistema deve detectar os momentos em que você quebra sua rotina e fica em casa. A análise de dados avançada pode fazer isso, pois oferece um conjunto de técnicas orientadas a dados que apoiam decisões baseadas em fatos e contextos. Apenas a baixa latência e a alta capacidade de dados do 5G combinadas com análises avançadas podem dar ao seu termostato (e a outros dispositivos) a resposta contextual necessária.

Primeiros passos: Dominar quatro desafios

Para encerrar este capítulo, vamos rever os quatro principais desafios que desaceleram o Lar do Futuro e os mercados do Lar do Futuro com 5G, dos quais tantos participantes da indústria se beneficiariam.

Desafio 1: Fazer com que os ecossistemas sejam adequados para reduzir o custo dos dispositivos do Lar do Futuro

As empresas podem e devem trabalhar em conjunto para criar o ecossistema certo do Lar do Futuro. Isso deve envolver a padronização de protocolos de conectividade e procedimentos de troca de dados para dispositivos de tecnologia doméstica, aumentando significativamente o volume de compra de dispositivos do Lar do Futuro. Reunir mais parceiros para comprar em grupos, fornecer previsões mais precisas do Lar do Futuro e criar compromissos volumosos de compra ajudarão fabricantes de hardware a acelerar as reduções de preços por volume.

Desafio 2: Usar o 5G para resolver problemas de configuração

As empresas precisam entender melhor os novos clientes que serão os arquitetos do Lar do Futuro. Eles são orientados pelo valor e estão dispostos a gastar tempo a fim de economizar dinheiro ou são orientados pela conveniência e estão dispostos a gastar dinheiro para economizar tempo? A resposta é esta última. Os arquitetos do Lar do Futuro serão principalmente os millennials e a geração Z. Eles preferem o DIFM ao DIY e estão dispostos a pagar para tornar a vida mais fácil.

Portanto, a grande oportunidade para as empresas é simplificar o processo de instalação de dispositivos domésticos. Elas devem usar o 5G para criar um Lar do Futuro onde você liga um dispositivo e ele se registra e funciona em estilo *plug-and-play*, semelhante a quando você liga seu smartphone e ele se conecta automaticamente à sua rede celular. Essa é uma grande parte da conveniência pela qual os consumidores estarão dispostos a pagar mais.

Mas será fundamental, no entanto, não exagerar nos preços dos serviços ou selecionar o modelo de negócios errado. Os consumidores não querem pagar outra taxa de assinatura mensal para cada dispositivo adicionado ao Lar do Futuro. Embora os CSPs tenham gastado bilhões para adquirir licenças de espectro 5G, é compreensível que eles queiram recuperar esse grande investimento o mais rápido possível. Entretanto, devem ter em mente que, assim como os dispositivos conectados, preços iniciais muito altos para serviços domésticos podem diminuir o entusiasmo do consumidor, apesar dos excelentes níveis de experiência do usuário.

Desafio 3: Usar o 5G para resolver as questões de conectividade fragmentada dos lares de hoje

O 5G tem o poder de harmonizar as tecnologias sem fio fragmentadas nas atuais casas conectadas e resolver as limitações de cada tecnologia sem fio em uso. Ele pode consolidar o complexo emaranhado de diferentes padrões de rádio, tais como protocolos sem fio em malha como Zigbee e Z-Wave, Wi-Fi (requer muita energia) ou Bluetooth (limitado em número de dispositivos conectados) em uma solução de conectividade confiável e sem descontinuidades. O 5G também não requer modems físicos, gateways ou caixas de roteadores na sala.

Desafio 4: Unir os pools de informação e conceder acesso para o bem maior

As indústrias envolvidas no desenvolvimento do Lar do Futuro devem criar em conjunto uma visão comum, modelos de negócios e parcerias para o uso coletivo de dados com foco na mentalidade e no contexto do usuário. A conectividade 5G pode ajudar a unir todos os dispositivos domésticos, e até mesmo filtrar os dados de pools e fontes fora de casa para obter mais contexto. Esses dados e informações devem ser despejados em uma "fonte da verdade" unificada. A partir desse data lake (ou lago de dados) conjunto, parceiros confiáveis podem então se ajudar a fornecer serviços mais relevantes e personalizados aos usuários domésticos. Esse pool de informações unido será especialmente crítico para a realização da evolução do Lar do Futuro — onde você se sente em casa em qualquer lugar.

Lições

1 As casas conectadas de hoje abrigam uma infinidade de dispositivos, protocolos e padrões de rádio incoerentes que podem ser consolidados de uma só vez pelo 5G.

2 O 5G e seu espectro segmentado são ideais para criar e permitir novas aplicações no Lar do Futuro, pois podem equilibrar velocidade, baixa latência e número de dispositivos conectados.

3 Mas o 5G precisa de tecnologias complementares, como eSIM, edge computing e IA para atingir seu potencial máximo de experiência.

5

Privacidade e segurança: dois desafios distintos do Lar do Futuro 5G

RESUMO DO CAPÍTULO

......

As preocupações iniciais com privacidade e segurança dos dados provavelmente retardarão a confiança dos consumidores no Lar do Futuro. As casas conectadas de hoje estão literalmente nos ouvindo, mas, em um grande salto adiante, o Lar do Futuro também precisará nos entender para ser capaz de pensar e agir por nós. O Lar do Futuro, portanto, precisará lidar, processar, armazenar e assegurar enormes quantidades de dados pessoais. Ao mesmo tempo, a capacidade do 5G de harmonizar a fragmentação da conectividade, eliminar problemas complexos de configuração e remover silos de compartilhamento de dados fará explodir o número de dispositivos do Lar do Futuro. Uma questão crítica é se temos padrões adequados de privacidade, segurança e regulamentação para lidar com a proliferação desses dispositivos IoT. E há tecnologias de IA disponíveis que sejam "éticas" o suficiente para agir com a devida responsabilidade em nome dos usuários do Lar do Futuro? Pensamos que, em todos os casos, a soberania dos dados do usuário deve ser uma prioridade para qualquer fornecedor da cadeia de valor. E que os provedores de serviços de comunicação (CSPs), como marcas de confiança e organizadores principais do Lar do Futuro, estão mais bem posicionados para lidar com os aspectos prolongados de privacidade e segurança.

......

Como vimos nos capítulos anteriores, as demandas dos usuários em torno da Lar do Futuro estão mudando de maneira drástica, e as oito novas mentalidades de usuários que estão evoluindo, combinadas com as tendências sociodemográficas mais amplas que descrevemos no Capítulo 2, estão fornecendo informações para o desenvolvimento de novos modelos de negócios para o Lar do Futuro. O padrão sem fio 5G — o capacitador central da tecnologia do Lar do Futuro, juntamente com algumas tecnologias complementares, como descrevemos no capítulo anterior — trará uma explosão de dispositivos conectados e novas oportunidades de negócios. Estima-se que a Internet das Coisas (IoT) adicionará um valor econômico total de catorze trilhões de dólares à economia global até 2030, com uma participação substancial resultante do novo mercado do Lar do Futuro.[1] Em todo o mundo, dezenas de milhões de lares adicionarão mais ao conjunto de dispositivos conectados que já possuem — um amplo espectro de microfones, sensores, câmeras de vídeo e mecanismos de coleta e compartilhamento de dados sempre em funcionamento.

Além disso, quando os usuários do Lar do Futuro basearem sua vida doméstica em ecossistemas configurados e administrados por fornecedores de forma DIFM para que o Lar do Futuro possa realmente economizar tempo e prever a próxima melhor ação para cada habitante individual, serão necessários o manuseio e o processamento de grandes quantidades de dados, muitas vezes confidenciais. Já mencionamos várias vezes o quão importante será a confiança no relacionamento entre os usuários do Lar do Futuro e seus provedores de serviços. Qualquer violação da privacidade ou da segurança dos dados faria com que essa confiança evaporasse com rapidez e destruiria uma vasta gama de oportunidades de negócios. A proliferação de dispositivos e a enorme quantidade de dados que eles compartilham irão aumentar drasticamente as oportunidades para violações de privacidade, IA irresponsável e ataques de segurança cibernética. O nível para a segurança dos dados, privacidade e governança ética deve, portanto, ser definido como extremamente alto. Ser qualificado para oferecer uma capacidade crível aqui será um pilar da viabilidade do Lar do Futuro.

Ao enfrentar esse desafio, é importante entender que a privacidade e a segurança dos dados, e a "inteligência artificial ética", embora bastante relacionadas, são coisas fundamentalmente diferentes.

- *Privacidade de dados* refere-se ao direito de controlar suas próprias informações pessoais e identidade, incluindo como seus dados pessoais são gerenciados e utilizados por partes além de seu próprio controle.

- *Segurança de dados* refere-se a como suas informações pessoais são protegidas contra acesso não autorizado.

- *IA ética e responsável* exige que os dispositivos dentro das configurações do Lar do Futuro pensem e ajam respeitando certos limites morais estabelecidos.

Esses três tópicos estão interligados e nós os discutiremos como tal. Com relação ao último deles, é indispensável que os usuários estejam expostos apenas à tomada de decisões imparciais e justas, sem a influência, por exemplo, de preconceitos sociais ou de partes interessadas. Todo pensamento e toda ação da máquina também devem ser compreensíveis e explicáveis, com raciocínio sólido por trás de suas recomendações e ações. Ela não deve tirar as decisões não repetitivas ou de alto valor dos humanos, mas aumentar a capacidade humana de decidir e agir, devolvendo ao usuário o controle sempre que necessário.

O paradoxo do Lar do Futuro: proteção de dados que também devem ser compartilhados

Estar encantado com o Lar do Futuro como usuário significa desfrutar de serviços hiperpersonalizados para suas necessidades e com base no contexto da situação. Mas, para essa conveniência, você precisará abrir mão de seus dados pessoais. Isso efetivamente parece significar a troca de sua privacidade por conveniência e economia monetária. Uma ideia discutida com frequência no mundo digital é que você "paga" por tal conveniência com seus dados de uso, um ativo que vale dinheiro para desenvolvedores, anunciantes e todos os outros negócios orientados por dados na cadeia de valor. Em uma pesquisa com 26 mil consumidores em 26 países, a Accenture descobriu que 73 por cento acreditam que as questões de privacidade são uma barreira para o Lar do Futuro.[2] Então, como os prestadores de serviços, ou qualquer outro parceiro do ecossistema do Lar do Futuro, conseguirão o equilíbrio certo entre a coleta e o processamento de dados relevantes para melhorar e personalizar a experiência do cliente contra todas as preocupações na mente de um usuário? E, em segundo lugar, como equilibrarão as pressões competitivas contra a arquitetura de inteligência artificial/aprendizagem da máquina (IA/ML) responsável e ética para manter os interesses do usuário no centro da questão? A última questão é a mais difícil, pois os investimentos em IA e o conhecimento das suas tecnologias estão concentrados em poucas empresas e em apenas alguns países, competindo ferozmente uns contra os outros.

A necessidade de privacidade e responsabilidade acabará sendo crucial até mesmo para os millennials, mais liberais quanto aos dados. Os millennials e a geração Z experimentarão eventos da vida do mesmo modo que a geração X e os baby boomers fizeram antes deles. Eles terão filhos, alugarão ou terão casa própria e, em geral, terão mais responsabilidades — e se tornarão mais conservadores com seus dados no processo. Ao longo de cada uma dessas etapas da vida, seus compromissos entre oferecer dados por conveniência, experiência ou economia de custos mudarão, algo que o ecossistema deve ter em mente ao construir o Lar do Futuro em 5G. A privacidade dos dados e o comportamento ético serão sempre um alvo em movimento para os prestadores de serviços digitais para o Lar do Futuro. Isso exigirá análise e cuidado contínuos de sua parte para que a confiança dos consumidores permaneça intacta. E já há alguma recuperação a ser feita, porque para os usuários domésticos conectados hoje, a maneira como seus dados são usados muitas vezes não é nada clara.

Enquanto isso, a segurança dos dados é um pré-requisito para que o mercado do Lar do Futuro decole. Esse mercado não poderia funcionar com base em padrões de segurança abaixo do que os usuários esperam de sua casa hoje, onde o que está dentro fica dentro, e nenhuma parte externa tem acesso a qualquer ativo — físico ou dados — sem o consentimento do usuário. Vamos analisar isso com mais detalhes.

Compartilhamento de dados nos lares conectados de hoje

Nos lares conectados de hoje, os assistentes digitais conectados já ouvem o que você, sua família e amigos dizem durante todo o dia. Eles reagem a palavras ou frases "acionadoras" que foram ouvidas, processadas e armazenadas anteriormente.

Não é segredo que você pode, por exemplo, ir ao aplicativo móvel do seu assistente digital e ouvir gravações de pedidos anteriores. Você pode pensar que isso não é nada demais, raciocinando que seus pedidos são apenas para coisas inofensivas, tais como relatórios meteorológicos ou tocar música. Mas cada vez mais dados pessoais são acumulados por esses dispositivos digitais de escuta, alguns por acidente, e eles podem ser mantidos indefinidamente. Pode haver itens que são mais sigilosos em relação à segurança do que você percebe. Afinal, você forneceu seu endereço residencial durante o processo de configuração do assistente digital, a fim de permitir que ele calculasse a duração de seu trajeto até o trabalho. Ops, há outro endereço que você acrescentou e pode ter esquecido: seu endereço de trabalho. Você também treinou seu assistente digital com seu nome e sua voz para que ele pudesse distinguir seus pedidos dos de outros membros da família ou colegas de quarto na mesma casa — e, por alguma razão, ao mesmo tempo, você também lhe disse seu aniversário. Você pode até ter fornecido informações financeiras ou médicas particulares para permitir algum serviço específico. E, embora você possa achar engraçado se seu assistente de voz começar a flertar com você

— como muitos fizeram nos primeiros dias desses pedidos —, não será aceitável se isso se tornar uma característica manipuladora ou um comportamento tendencioso por parte da IA/ML ao longo do tempo. Em outras palavras, não é apenas um problema o que a IA aprende — embora esse seja um grande problema —, é também como ela aprende, que tipo de comportamento ela desenvolve. Multiplique os alto-falantes conectados e os assistentes digitais pelos quartos de uma casa para aumentar a conveniência, a produtividade e a economia de tempo, e você aumenta a capacidade da casa de ouvi-lo, mesmo quando não estiver falando diretamente com o assistente e alimentando-o com dados de maneira intencional. Mais uma vez, muitos desses alto-falantes conectados e assistentes digitais manterão todos os dados coletados indefinidamente e adaptarão com frequência suas recomendações e ações ao comportamento do usuário. Eles podem rapidamente saber muito mais sobre você do que um de seus amigos ou um outro humano.

Isso acontece porque os dados de voz são usados para treinar sistemas de processamento de linguagem natural (NLP) e componentes de IA para melhorar a experiência e, é claro, aumentar a personalização. Quanto tempo os dados são mantidos é uma coisa; quem tem permissão para usá-los é outra. Por exemplo, as autoridades judiciais forçaram a plataforma digital e os provedores de serviços de dados a entregar as gravações feitas por alto-falantes conectados e assistentes digitais que possam conter informações sobre possíveis crimes. A Amazon foi obrigada pelo Tribunal Superior de New Hampshire a entregar as gravações de seu alto-falante inteligente Echo.[3] Não há uma maneira simples de rejeitar tais ordens fora dos tribunais. Mesmo quando os provedores de serviços tentam impedir a identificação dos dados dos usuários por meio de criptografia de ponta a ponta, governos e autoridades judiciais estão cada vez mais envolvidos na cadeia de valor dos dados, privacidade e segurança, à medida que tentam forçar o acesso a estes.

Outros exemplos de divulgação forçada são fáceis de encontrar. Apenas entre janeiro e junho de 2017, o Facebook recebeu 32.716 solicitações de divulgação de informações das autoridades policiais dos Estados Unidos. O Google, ao mesmo tempo, recebeu 16.823 solicitações, e o Twitter, 2.111. Cada empresa produziu pelo menos algumas informações para cerca de oitenta por cento dos pedidos.[4] Esses pedidos estão sendo feitos em todo o mundo. No primeiro semestre de 2017, a Amazon confirmou que tinha 75 solicitações de fora dos Estados Unidos com base em um acordo de assistência jurídica mútua.[5]

Alto-falantes conectados e assistentes digitais não são os únicos dispositivos domésticos conectados que estão acumulando e armazenando seus dados pessoais. Os termostatos conectados rastreiam seus movimentos quando você se levanta à noite para que possam reagir de acordo. As luzes conectadas em seu quarto podem rastrear quando você dorme ou acorda, de acordo com quando cada luz é ligada ou desligada. E os aspiradores de pó conectados usam câmeras e sensores para mapear a planta da sua casa, enquanto as fechaduras das portas conectadas produzem informações detalhadas sobre se você está ou não em casa. Enquanto muitas empresas que fornecem tais dispositivos e serviços têm políticas de privacidade que restringem o tempo de armazenamento de dados pessoais, os usuários que desejam acelerar o processo devem apagá-los manualmente ou pedir para que o armazenamento seja interrompido.

O objetivo é uma melhor experiência do usuário pela personalização, mas o efeito em cadeia ainda é que os dados que alimentam a personalização ficam armazenados. E como deve estar claro para a maioria das pessoas agora, nas mãos erradas, essa vasta quantidade de dados entrega literalmente as chaves da porta de sua casa, fornece o recurso de desligar ou evitar sistemas de segurança e dá instruções sobre que parte de sua casa pode ser atacada.

É por isso que tanto o ecossistema quanto os usuários precisam ter uma posição clara sobre privacidade, segurança e armazenamento de dados. Os usuários devem ter o controle de seus dados e ter clareza sobre seus direitos sobre eles. Devem ser informados em termos claros sobre quem os utiliza, como serão utilizados na concepção dos serviços, por quanto tempo serão armazenados e, por fim, como serão protegidos contra o uso indevido ilícito. Podem, então, conceder permissão para transmiti-lo.

Não podemos continuar escondendo esses pontos importantes em letras miúdas que ninguém jamais lê. Ao contrário, a indústria do Lar do Futuro deve fornecer configurações opcionais transparentes para que os usuários possam escolher e apoiá-los com termos legais claramente inteligíveis. Além de fornecer opções de privacidade, o Lar do Futuro deve explicar de modo claro como eles manterão os dados seguros. Os usuários não devem se sentir explorados, e a utilização de seus dados pessoais deve ser sempre controlada por parceiros do ecossistema em seu nome.

Modelos comerciais fundamentais também podem precisar ser abordados no que diz respeito aos dados dos usuários. Hoje, um modelo de negócios comum para aumentar a escala de usuários na internet é oferecer um serviço "gratuito" pelo qual você não paga diretamente; em vez disso, seus dados de uso são capturados em uma plataforma que depois os monetiza com, talvez, publicidade. Mas existem outros modelos de negócios a serem considerados no Lar do Futuro. Pagar por um serviço pode reduzir o incentivo para vender dados; até mesmo uma troca de valor justa entre parceiros do ecossistema que trabalham para tornar nossas vidas melhores poderia eliminar a necessidade de vender dados. É importante observar que os modelos de negócios podem ser multidimensionais e mudar com o tempo. Mas, para que o Lar do Futuro possa melhorar nossa vida e se mover conosco, os modelos de negócios corretos, aqueles que promovem a segurança dos dados, o compartilhamento de dados no ecossistema do Lar do Futuro, e o uso ético desses dados, são críticos.

Os CSPs estão aqui em uma ótima posição para se diferenciar frente aos usuários. Como organizadores e guardiões para o cliente final, ao contrário dos fornecedores de modelos de negócios em escala e apoiados por anúncios, os CSPs são menos dependentes da própria monetização dos dados. O mesmo vale para aqueles que fornecem dispositivos de conectividade para a casa, como roteadores, *set-top boxes* ou smartphones. Também podem oferecer serviços que gerenciam a identidade e criptografar dados e informações no dispositivo, de modo que os dados transmitidos só possam ser associados ao usuário se ele ou ela permitir.

Três pontos de contato para que os CSPs lidem com sucesso com segurança de dados

Foram feitos grandes avanços na tecnologia de segurança e proteção de dados, mas, apesar disso, as violações de segurança aumentaram nos últimos anos em mais de 27 por cento. Só os ataques de resgate, nos quais os hackers sequestram dados e devolvem em troca pagamentos monetários, dobraram em frequência, de 13 por cento para 27 por cento.[6] Não é de se admirar que cerca de 65 por cento dos millennials estão preocupados com que os dados coletados por dispositivos conectados não sejam tratados de maneira adequada e temem que possam ser vítimas de incidentes de segurança ou violações de dados, ou que suas informações pessoais possam ser vendidas a terceiros.[7]

Essas estatísticas mostram que, nos níveis tecnológicos atuais, uma pessoa que queira obter acesso via *hacks* ou dados vendidos ilicitamente sobre sua casa pode ter sucesso se o Lar do Futuro não for projetado de maneira correta. Elaborando o exemplo anterior, as ameaças criadas são enormes, pois tal intruso de dados poderia obter um mapa detalhado do layout de sua casa, invadir sua fechadura da porta da frente conectada ou seu abridor da porta da garagem, desligar o alarme de segurança e desativar qualquer câmera de segurança externa. Embora a chance de isso acontecer com você possa parecer remota, existem exemplos reais de extraordinárias vulnerabilidades de segurança. Veja o caso de um ataque sofrido por um cassino norte-americano, que poderia ser replicado em um ambiente doméstico: o cassino tinha um aquário conectado à internet que alimentava os peixes automaticamente e monitorava o ambiente. Os hackers conseguiram entrar no monitor do aquário e usá-lo como ponto de entrada nos sistemas da empresa, sendo os dados então enviados aos hackers na Finlândia.[8]

Essas brechas de segurança são bons exemplos do que foi dito no Capítulo 1: a fragmentação tecnológica, ainda difundida nos lares conectados de hoje, é propensa a violações de privacidade e segurança. Os dois casos ressaltam a necessidade de alguns organizadores em larga escala do Lar do Futuro que operam padrões confiáveis de segurança de dados com uma visão de ponta a ponta do usuário. Mas, sobretudo, dados recentes também mostram uma lacuna crescente entre os riscos que as organizações estão assumindo e suas posturas de segurança cibernética.[9] Em termos simples, a complexidade das ofertas está ultrapassando a capacidade de gerenciar a segurança. Quanto mais nos aproximamos dos serviços domésticos de atuação autônoma, mais os prestadores de serviços parecem se sentir mal equipados para fornecer os padrões de segurança necessários. Como mostra a Figura 5.1, para todas as tecnologias relevantes, as proteções ficam aquém da proteção contra os níveis de risco.

Figura 5.1 Diferença entre o aumento do risco e a proteção da segurança cibernética[10]

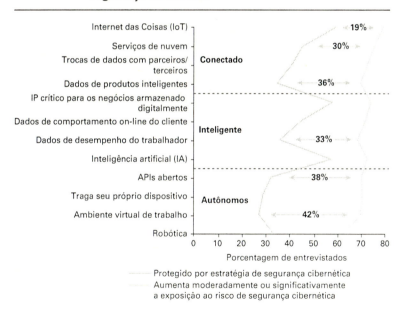

Portanto, os consumidores continuam, com razão, a levantar preocupações sobre privacidade e segurança e sobre os perigos potenciais de estarem conectados. A tecnologia de dispositivos conectados em casa tem sido classificada como um dos principais fatores para aumentar os riscos da segurança cibernética, à medida que tais tecnologias se tornam cada vez mais adotadas. Nessa perspectiva, a segurança dos dados pode ser vista como uma consideração tecnológica com um foco verdadeiramente humano. Isso aponta para três pontos de contato claros por meio dos quais os prestadores de serviços, como um setor, podem transformar a segurança do Lar do Futuro — desbloqueando benefícios tanto para os consumidores quanto para o ecossistema mais amplo.

Certificação de segurança interindustrial para dispositivos conectados

Quando um indivíduo faz uma compra na internet, cria uma conta on-line ou se envolve com um serviço utilizando seu dispositivo conectado, há mais do que apenas uma troca de dados, bens ou serviços ocorrendo. Outra troca importante acontece — da principal moeda no ciberespaço: a confiança. Em cada um desses pontos de interação, as empresas têm a oportunidade de validar e recompensar a confiança — fortalecendo os laços com o consumidor e permitindo que a adoção de produtos e serviços floresça — ou violá-la e destruí-la.

Como já deve estar claro, novos dispositivos inteligentes conectados no Lar do Futuro irão capturar categorias de dados inteiramente novas, antes inconcebíveis. Afinal, mais dispositivos significam mais interconexões, o que significa mais compartilhamento de uma gama mais ampla de dados e insights. Esse aumento de informações e de fluxo forçará os provedores de serviços a aumentar maciçamente os níveis de responsabilidade para proteger a segurança e a privacidade das informações dos clientes. Assim, na atual casa conectada e na futura casa no ecossistema 5G, as empresas individuais devem considerar não apenas a segurança dos próprios dispositivos e serviços, mas também o risco de violação de dados em empresas com as quais estão ligadas ou associadas. O ecossistema não será capaz de colher todos os benefícios se os consumidores não confiarem em toda a cadeia de valor em que operam.[11]

Contudo, nem todas as organizações estão preparadas da mesma maneira para lidar com violações de segurança de dados. Na verdade, em um recente relatório interindustrial, a Accenture descobriu que o número de empresas entrevistadas capazes de identificar entre 76 por cento e cem por cento das tentativas de violação mais do que dobrou em relação ao ano anterior para 23 por cento. Infelizmente, 24 por cento das organizações caíram na categoria mais baixa, só sendo capazes de detectar menos da metade das tentativas de violação.[12] Isso não é nada promissor para o Lar do Futuro na era 5G.

Uma vez que a proposta de casa conectada é apenas tão forte quanto seu elo mais fraco, a inconsistência na postura de segurança colocará grandes limitações na segurança geral e, como consequência, retardará o mercado emergente em torno do Lar do Futuro.

Uma solução para o problema poderia ser uma estrutura de certificação para produtos, processos e serviços digitais. Ela poderia ser projetada de acordo com as linhas do Wi-Fi Certified, uma certificação de produtos reconhecida internacionalmente, indicando que eles atendem aos padrões acordados pela indústria para interoperabilidade, segurança e protocolos específicos de aplicações.[13] Esse padrão interindustrial seria um passo importante para estabelecer pontos de contato adicionais para promover e aplicar padrões de segurança consistentes entre os participantes do ecossistema, bem como garantir a integridade da cadeia de fornecimento e a governança geral da segurança. Para dados gerais, a ISO 27001, reconhecida internacionalmente, especifica quatro classes de segurança. Qualquer padrão interindustrial pode começar a partir disso e incluir os desafios específicos associados aos dados gerados por máquinas fora do controle pessoal do usuário.[14]

Esse padrão unificado também ajudaria os consumidores a compreender melhor seus riscos e proteções. Eles seriam capazes de adquirir produtos finais de vários fornecedores sabendo que um único fornecedor de serviços confiável — e imparcial — supervisiona as verificações necessárias de segurança e proteção em todos os dispositivos.

Monitoramento contínuo e perpétuo

Embora vital, a conformidade técnica, por si só, dificilmente garantirá que as violações de segurança não aconteçam. Um ataque precisa ser bem-sucedido apenas uma vez para infligir o máximo de dano à segurança dos dados — e, sobretudo, à confiança e à reputação. A segurança cibernética do Lar do Futuro deve ser sempre eficaz, em todos os momentos.

Presumir que o software antivírus pode sozinho proteger os consumidores de ataques e vazamentos de dados é um erro. Tampouco as correções de erro de softwares de tecnologia OTA pouco frequentes fornecem proteção suficiente para o Lar do Futuro poder resistir à progressiva sofisticação do crime cibernético. A crescente interoperabilidade dos dispositivos abre muitas novas vulnerabilidades. Um produto doméstico conectado comprometido possibilita que outro dispositivo conectado no lar se torne nocivo.

Características de segurança física acordadas em toda a indústria, ligadas a novos dispositivos conectados, certamente ajudam a evitar muitos perigos. Essas arquiteturas de dispositivos devem ser construídas ao longo de linhas de projeto ágeis nas quais os componentes de software podem ser desenvolvidos depois que um dispositivo é implantado em uma casa. Mas, além disso, o Lar do Futuro em 5G também deve introduzir um mecanismo de monitoramento contínuo e perpétuo para seus dispositivos e serviços. Esse monitoramento também garantirá que haja uma clara responsabilidade adotada por um participante individual para quando um produto ou serviço específico se tornar uma ameaça. Nesse caso, é necessária uma linha direta de comunicação com o consumidor — e, de preferência, o dispositivo — e deve ser possível dar apoio imediato. Isso exige que os dispositivos sejam remotamente adaptáveis para que a ameaça possa ser delimitada e neutralizada.

Pode haver um produto chamado Segurança-Como-Serviço? A resposta é sim. A pesquisa da Accenture mostra que cerca de oitenta por cento dos consumidores preferem um único fornecedor para todas as suas necessidades digitais, indicando sua propensão a confiar em um fornecedor também para serviços de segurança gerenciados.[15]

Esse provedor, para ser atraente, precisará ter um perfil de segurança avançado que esteja sempre em evolução para atender aos riscos cada vez maiores da cibersegurança. Isso significa abordagens permanentemente renovadas para operações avançadas de ataque e prontidão, operações cibernéticas e resiliência, segurança de aplicações, inteligência de ameaças cibernéticas, e para resposta a incidentes e caça a ameaças. Mais ainda, o provedor deve apoiar-se em novas tecnologias de criptografia nas quais os registros de dados são armazenados em servidores distribuídos, para que seja mantido o registro mais preciso e atualizado das transações.

Os serviços também poderiam implicar uma educação sobre segurança cibernética. Além da proteção de dispositivos e dados, os prestadores de serviços precisam garantir que seus clientes tenham o nível de consciência correto das ameaças à segurança que enfrentam no Lar do Futuro e saibam como evitá-las. Os provedores de serviços podem desenvolver e incorporar serviços de tutoria, permitindo aos clientes compreender com facilidade o que fazer e não fazer on-line, aumentando seus conhecimentos, por exemplo, sobre *phishing* ou golpes de engenharia social, avisando-os sobre com o que devem tomar cuidado e como agir quando for detectada uma atividade suspeita.

Além disso, os provedores podem adaptar esses serviços tanto para adultos quanto para consumidores mais jovens, com base em seus diferentes padrões de uso, nível de confiança inata nos dispositivos digitais e propensão das gerações mais jovens a se envolverem em comportamentos on-line de maior risco, como *streaming* de vídeo em sites não seguros, armazenamento de senhas e detalhes de login on-line e abertura de contas de mídia social.

Semeando a confiança e a lealdade dos clientes entre os jovens

Embora muitos de nós ainda possam se lembrar do advento da internet — como esboçamos nos capítulos iniciais, as gerações mais jovens foram criadas no mundo digital, tornando-se desde cedo especialistas em tecnologia e adotando canais e dispositivos digitais para uma infinidade de experiências. Abraçando uma atitude DIFM, essa geração também tem maior propensão a alavancar estes canais para adquirir serviços que expandem seu dia a dia.

A geração mais jovem tem uma propensão maior para depositar confiança em uma marca durante a fase inicial de engajamento. No entanto, mesmo os líderes de fidelidade — incluindo as principais marcas inovadoras — não podem se dar ao luxo de ficar estagnados, já que a perda do cliente pode acontecer após apenas uma violação de dados ou uma falha no serviço. Por outro lado, porém, onde outro fornecedor pode intervir para remediar a situação, a geração mais jovem terá um nível mais elevado de apego a essa segunda marca, tornando-se ferozmente leal, e muitas vezes grande defensora. Os millennials e a geração Z estão acostumados a pagar CSPs por serviços como conectividade sem fio ou banda larga doméstica em mensalidades. Portanto, eles não esperam que os CSPs vendam seus dados como parte do modelo de negócio principal. Podemos ver aqui que o modelo de negócio principal dos CSPs é um bom começo para aumentar a confiança e lealdade dos clientes entre os jovens.

O forte ponto de partida dos CSPs sobre segurança de dados

Os fornecedores de plataforma merecem ser destacados neste capítulo porque têm uma boa chance de afastar a relação do cliente final dos CSPs antes mesmo de eles conseguirem uma. Através do eSIM, por exemplo, uma tecnologia que apresentamos no Capítulo 4, os usuários podem ser livres para escolher o provedor de conectividade se os participantes da indústria concordarem, e, como resultado, tornar mais difícil para os CSPs manterem o relacionamento direto com o cliente. De qualquer modo, essa nova tecnologia provavelmente implementará aos poucos uma nova mentalidade de comutação, com um terço dos consumidores já ciente dos eSIMs e 68 por cento interessados em usá-los.[16]

Mas os CSPs têm cartas fortes para jogar. Como já observamos, seus trunfos são a confiança do consumidor estabelecida e um histórico até agora muito alto de privacidade e segurança de dados. Explicaremos com mais detalhes no próximo capítulo como os CSPs podem alavancar seus recursos para atuar como organizadores do Lar do Futuro. Como observamos no Capítulo 2, 71 por cento dos entrevistados em uma pesquisa da Accenture disseram que escolheriam seus CSPs como o principal fornecedor de serviços domésticos conectados.[17] Também já mencionamos que os CSPs podem e devem contar com suas relações de faturamento de longa data, utilizando análises avançadas em seus sistemas internos para gerar uma percepção a respeito dos indivíduos dentro dos lares como base para excelentes serviços hiperpessoais.

Na prática atual, os participantes do ecossistema doméstico conectado estão com frequência gerenciando processos tecnológicos desconhecidos, onde cada dispositivo conectado tem uma vulnerabilidade potencial devido às conexões ponto a ponto e padrões de conectividade variáveis.[18] O 5G, por outro lado, funcionará como um tecido de conectividade uniforme, permitindo a consolidação de vários padrões em um só, reduzindo de maneira significativa os riscos de segurança. Já com acesso aos clientes e ao fornecer redes 5G e suas novas oportunidades tecnológicas, os CSPs poderiam oferecer suporte conveniente em todas as necessidades digitais no Lar do Futuro. Isso envolveria garantir que os usuários só acessem dispositivos e serviços domésticos que ofereçam um máximo de privacidade e segurança de dados.

Lições

1 Nos níveis tecnológicos atuais, um indivíduo mal-intencionado que queira ter acesso às casas atualmente conectadas tem uma grande chance de sucesso.

2 A indústria e os usuários do Lar do Futuro precisam ter uma posição clara sobre os padrões para garantir o armazenamento e o gerenciamento de dados pessoais, com os usuários tendo controle em primeira mão.

3 Os CSPs têm um papel importante a desempenhar, sendo uma vantagem a confiança estabelecida do consumidor e um histórico até agora muito alto de privacidade e segurança de dados.

6

A ascensão do construtor de ecossistemas vivos conectados

RESUMO DO CAPÍTULO

......

Os provedores de serviços de comunicação (CSPs), sejam eles hoje em dia provedores de conectividade fixa ou sem fio ou ambos, desempenharão um papel importantíssimo no Lar do Futuro na era 5G. O surgimento de novos mercados fará com que as empresas queiram expandir-se além do fornecimento tradicional e estático de conectividade para residências e empresas e as impulsionará a monetizar dinamicamente as oportunidades oferecidas pelo emergente mundo de serviços do Lar do Futuro. Três fatores-chave posicionam os operadores de CSP para assumir o papel de arquitetos, construtores e operadores do ecossistema do Lar do Futuro: confiança, experiência do cliente e capacidade de fornecer infraestrutura de missão crítica. Mas há seis áreas gerais críticas nas quais os CSPs devem transformar sua configuração de negócios e sua cadeia de valor para fornecer esses novos serviços e recursos conectados.

......

Como descrevemos desde o início neste livro, o Lar do Futuro será a base e, como tal, o início de uma vida verdadeiramente conectada para os indivíduos, com enormes consequências para a sociedade humana. Essa Era verá os limites da casa tradicional de tijolo e cimento se expandirem muito além das tradicionais paredes físicas. Para proporcionar essa experiência de vida hiperconectada, um amplo ecossistema de parceiros e alianças deve se reunir para reinventar, moldar e projetar os produtos e serviços do Lar do Futuro, e fornecer tecnologias, plataformas e protocolos que a tornarão realidade — seja com base em banda larga fixa convencional, cabo, satélite, tecnologias sem fio 5G ou uma combinação heterogênea.

A oportunidade de negócios é enorme para os CSPs. Em 2023, o mercado de serviços domésticos conectados estará prestes a crescer de cerca dos vinte bilhões de dólares atuais para 37,3 bilhões.[1] Muito disso poderia ser colhido pelos operadores de CSP, uma vez que a experiência baseada em dados que eles podem oferecer às residências e empresas não tem paralelo na história da tecnologia, o que significa que devem estar bem preparados para oferecer uma qualidade de serviço sem precedentes.

Uma ampla variedade de serviços — desde segurança doméstica inteligente e monitoramento até saúde remota, entretenimento imersivo e entrega de alimentos — pode ser construída de maneira confiável com base em novos padrões tecnológicos homogeneizados e dar origem a conjuntos de novas possibilidades de negócios. Uma vez que esses diferentes pools de valores sejam aproveitados, o impulso continuará. A sofisticação e a personalização dos serviços, possibilitadas por uma melhor compreensão dos dados e pelo controle dos dispositivos, impulsionarão incessantemente a qualidade dos serviços, organizados e, em grande parte, monetizados pelos CSPs como os principais guardiões da conectividade com o Lar do Futuro.

Tudo isso parece estar um pouco distante. E, na verdade, vale a pena considerar por um momento o modesto cenário atual de casas e serviços conectados para esse mercado. Assim conseguiremos entender a gigantesca oportunidade de negócios que temos pela frente.

Atualmente, nossa experiência em casa é impulsionada por uma coleção de vinte a trinta fornecedores de produtos e soluções de tecnologia, que são livremente organizados. Os consumidores têm sua escolha individual de soluções de iluminação inteligente de fornecedores de serviços públicos, segurança inteligente por meio de fornecedores de soluções domésticas, e dispositivos e aparelhos inteligentes de fabricantes de produtos eletrônicos de consumo. Para a maior parte de nosso entretenimento em casa, nos envolvemos com todos os tipos de fontes que oferecem transmissão linear, televisão sob demanda, streaming de vídeo ou jogos, também por intermédio de vários métodos de entrega. Podemos escolher entre pelo menos quatro a cinco provedores diferentes para atender a cada uma dessas demandas individuais.

Em seguida, há a multiplicidade de plataformas para conectar nossos diferentes dispositivos, todos posicionados para se tornar o centro de controle de nossa tecnologia doméstica, projetado para ser verticalizado em seus hardware, software, protocolos e dados.

Em resumo, o lar conectado de hoje é, na maioria dos casos, um conjunto desorganizado de soluções autocontidas, uma montagem improvisada de peças atomizadas em grande parte e gerenciadas de maneiras que não são e não podem ser sincronizadas. Esse grau de fragmentação não pode nem mesmo ser chamado de sistema, e muito menos de ecossistema.

O cenário atual está atrasando os negócios dos fornecedores e o mercado de tecnologia doméstica em geral. E só agora, com um número cada vez maior de soluções ponto a ponto em residências, é que consumidores e fornecedores também estão se tornando conscientes da realidade fragmentada de dispositivos e serviços. Cada vez mais pessoas estão desejando que alguém navegue nessa selva por eles de modo DIFM.

A pressão por um guia aumenta a cada dia. O avanço da vida doméstica hiperconectada e a invasão de uso ponto a ponto subpadrão em casas aumentarão exponencialmente o tamanho e a complexidade dessa selva de soluções não orquestradas. Isso, por sua vez, forçará a necessidade de um ou mais *players* assumirem um papel de liderança como organizadores e construtores principais que são capazes de apoiar novos produtos e serviços, facilitar o fluxo de dados entre dispositivos e centros fragmentados e, ao fazê-lo, operacionalizar o Lar do Futuro como uma experiência sem precedentes para os consumidores do século XXI. A base disso é a necessidade de entregar essas competências de uma maneira contínua e centralizada que permita ao consumidor final não apenas conectar-se com facilidade a novas experiências conectadas, mas também extrair o verdadeiro valor do usuário e melhorar suas rotinas.

Isso levanta duas questões fundamentais: Quem é o candidato ideal para servir como guia? E que conjuntos de habilidades devem ser levados em conta para se tornar o principal arquiteto e organizador líder do Lar do Futuro?

Quem deve ser o guia? Três razões pelas quais os CSPs estão em vantagem

Como a banda larga sem fio e a banda larga fixa são as bases sobre as quais qualquer experiência de serviço conectado pode ser habilitada, os CSPs que oferecem conectividade de banda larga em qualquer forma detêm uma posição privilegiada para destravar o potencial de serviços futuros verdadeiramente inteligentes e serem os capacitadores centrais de um ecossistema geral.

Outros *players* que operam atualmente no mercado doméstico desarticulado de hoje também poderiam assumir a liderança. Mas gostaríamos de enfatizar três fortes argumentos que demonstram que os CSPs estão em vantagem.

A velha confiança gera nova confiança

Como descrito no capítulo anterior, um requisito fundamental do Lar do Futuro será que seus usuários confiem nele cem por cento. Isso é óbvio em uma situação na qual tantos dispositivos se interconectam para compartilhar quantidades de dados sem precedentes sobre todos os aspectos de nossa vida.

Hoje em dia, nossos dados pessoais são regulamentados apenas liberalmente. Muitas vezes são compartilhados sem nossa aprovação ou mesmo conhecimento, de maneira legal ou por *hacks* ou vazamentos ilegais de dados, com terceiros, autoridades ou com o público em geral. Os CSPs se destacam nesse contexto por seus fortes padrões de privacidade de dados, embora não sejam infalíveis.

Esse histórico sólido lhes dá uma das mais altas pontuações de confiança de todos os fornecedores de serviços ou produtos para casas conectadas. Em alguns países, as faturas de banda larga doméstica servem como comprovantes válidos de endereço residencial quando outros itens sigilosos de dados e identidade, como contas bancárias, estão sendo tratados. Não é de se admirar que, em uma pesquisa de consumo da Accenture de 2019, os prestadores de serviços de telefonia fixa e sem fio ficaram em segundo e terceiro lugares, logo atrás dos bancos, quando se tratava de confiança.[2] Outros *players* têm probabilidade de desempenhar um papel significativamente menor no ranking do Lar do Futuro— por exemplo, mídias sociais, mecanismos de busca ou marcas de assistentes de voz digitais.

O aumento da interconectividade em nossa vida abre uma nova era de responsabilidade aumentada para gerenciar e trabalhar com nossas informações pessoais de maneira segura e confiável. É uma responsabilidade não atendida por todos os fornecedores que utilizam dados, como demonstram os numerosos escândalos de privacidade de dados dos últimos anos. A exceção positiva é o setor de CSP, que se beneficia da regra simples de que aqueles que podem manter a confiança terão mais confiança no futuro. Como observado no Capítulo 2, por exemplo, 49 por cento dos millennials estariam preparados para escolher seu CSP para a entrega de seus cuidados de saúde domiciliares.[3]

Experiência de atendimento ao cliente

Já identificamos no livro oito mentalidades de usuário que requerem diferentes níveis de experiência e perfis de serviço do cliente. A segunda consideração é, portanto, a necessidade de que os participantes do CSP combinem know-how operacional exclusivo, força de trabalho e capacidade para proporcionar uma experiência consistente e de classe mundial ao cliente no Lar do Futuro. Uma experiência de sucesso do cliente personalizará a jornada do início ao fim, da loja física ao atendimento antes e depois da compra. Isso significa um portal totalmente digital, multiplataforma, operável com poucos cliques durante o processo de compra. Significa lojas estrategicamente localizadas que podem ensinar e demonstrar novos serviços do Lar do Futuro, além de servir como centros estratégicos de distribuição da cadeia de fornecimento para permitir opções de entrega no mesmo dia para pedidos digitais. Também significa capacidade de prestação de serviços disponíveis e multidisciplinares que podem entregar pedidos, instalar soluções complexas ou fornecer configurações meticulosas. Além disso, significa pedidos simplificados, ativação e provisionamento, exigindo que os CSPs construam centros operacionais para responder e resolver reclamações dos usuários em tempo quase real — seja por meio de mídias sociais, chatbots ou ágeis esquadrões de engenheiros. O princípio orientador deve ser: *resolver problemas antes que eles aconteçam* — por exemplo, utilizando a previsão de falhas via análise de dados.

Os CSPs podem apontar para um rico legado de experiência e capacidade na administração de grandes equipes operacionais que lidam com as experiências complexas de numerosos clientes. A esse respeito, sua maturidade está nivelada com sua confiança — e muito maior do que a de outros prováveis participantes do ecossistema do Lar do Futuro.

Os outros participantes, como fornecedores de plataforma ou fabricantes de dispositivos, construíram recursos de vanguarda em tecnologia e soluções. Tendo iniciado na era digital, eles podem apresentar uma vantagem distinta na criação de produtos e serviços digitais sofisticados com excelente experiência do cliente. Mas ainda lhes falta, fundamentalmente, a experiência e a competência para administrar o ecossistema do Lar do Futuro ao longo do tempo e lidar com todos os percalços mais importantes que centenas de milhares de clientes podem querer ver solucionados em minutos.

Essa é a responsabilidade que virá com ser o organizador: lidar com as dúvidas e reclamações dos clientes relacionadas a todos os aspectos do ecossistema. Seja uma solução de iluminação inteligente em uma casa que ficou escura ou o fracasso da entrega de alguns dados entre um carro e uma casa ou um quarto de hotel, o sucesso do organizador dependerá de ser capaz de consertar o problema quase instantaneamente.

O lado positivo dessa enorme responsabilidade será a capacidade de lucrar com um grande pedaço da margem de lucro do ecossistema conjunto. Além disso, como guardiões e organizadores líderes do ecossistema do Lar do Futuro, os organizadores terão a responsabilidade de construir parcerias usando modelos de negócios mutuamente benéficos com os envolvidos.

Para que tudo isso seja fornecido de maneira bem-sucedida, é necessário um conjunto distinto e difícil de replicar de competências essenciais e habilidades da força de trabalho. Essas competências sempre foram inerentes aos CSPs.

Infraestrutura de tarefas críticas

A terceira consideração é o papel crucial dos CSPs como controladores da tecnologia de acesso em casa. Eles são os provedores exclusivos de conectividade que ligam casas, pessoas, dispositivos, veículos autônomos e a sociedade. Qualquer um de nós sabe como isso é vital, mesmo que, na maioria das vezes, só o percebamos plenamente quando um serviço é interrompido e a vida para.

Portanto, a qualificação dos CSPs para organização e liderança é clara aqui. Sem eles, o Lar do Futuro não seria possível. Eles fornecem a base — a internet —, a comunicação de suporte de vida entre nós, nossos dispositivos e os serviços que funcionam neles, sem os quais uma experiência de vida conectada não poderia acontecer. Nesse sentido, é quase uma obrigação para os CSPs assumirem o papel de organizadores do ecossistema do Lar do Futuro.

Por fim, devemos ter em mente que esse grupo de empresas é regulado publicamente por uma razão. Os reguladores não apenas se concentram em assegurar a concorrência no setor, mas visam assegurar a conectividade para o público em geral, dia e noite, garantindo que ela seja tão confiável quanto os hospitais ou as estradas. As empresas de CSP são forçadas pelas autoridades a manter a infraestrutura funcionando e em bom serviço. Sua confiabilidade, em outras palavras, é duplamente selada, exigida não apenas pelos mercados, mas pelos governos.

O mercado continuará pressionando e os consumidores continuarão dizendo: "Quero que alguém resolva meu problema de fragmentação em casa." Se nenhum CSP se engajar, outros gigantes digitais poderiam ir ao regulador e pedir para vender conectividade para Lares do Futuro em seu lugar. No dia em que isso acontecer, o setor terá perdido uma enorme oportunidade.

Quebrando a cadeia de valor do CSP para destravar o Lar do Futuro: seis áreas e seis imperativos

Então, como os CSPs devem habilitar os serviços e os recursos conectados que descrevemos?

A resposta é que esses negócios não terão outra opção senão reinventar e revigorar toda a sua cadeia de valor. Essa reinvenção por atacado e a mudança de estratégias de estruturas e processos são os fatores críticos de sucesso.

A Accenture analisou a cadeia de valor do CSP, incluindo a abordagem atual de desenvolvimento e distribuição de produtos e serviços, a atividade pós-venda e o modo como produtos e serviços são entregues, operados e mantidos para os usuários finais. Com base nessa análise, identificamos seis áreas que acreditamos formar o plano para que os operadores possibilitem e monetizem com sucesso experiências de vida conectadas no Lar do Futuro.

Um: Reinvente o front office digitalmente

O *front office*, a camada pela qual os CSPs interagem com seus clientes, por exemplo, por meio de portais com base em navegador ou smartphone, representa muito mais do que apenas uma camada digital pela qual as operadoras atendem seus clientes. Para atender diretamente ao novo ambiente do Lar do Futuro, cada interação entre CSP e cliente deve se tornar em tempo real e proativa, ao mesmo tempo que dá aos clientes uma sensação de controle.

A mudança é em parte impulsionada pelo nível de frequências futuras de interação entre o consumidor e o CSP, que se prevê que aumente nos próximos anos. É sobretudo necessário, à luz da ascensão do cliente "líquido", que, cada vez mais impaciente, está preparado para mudar para uma oferta comparável no momento em que o serviço decepcionar ou parecer não responder.

Em um nível mais prático, ao organizar o Lar do Futuro, a principal função do *front office* será desbloquear um conjunto abrangente de excelentes experiências do Lar do Futuro para os clientes em tempo quase real. As interfaces dos clientes, portanto, precisam de renovações drásticas. Elas devem se tornar poderosos painéis de comunicação bidirecionais que possam entrar e sair rapidamente dos serviços em todos os tipos e níveis de sofisticação, desde termostatos inteligentes até a substituição automática do conteúdo da geladeira, passando pela tecnologia de conferência imersiva para reuniões de negócios em casa e no veículo autônomo — toda a gama da tecnologia do Lar do Futuro que os usuários querem ter ao seu redor.

É evidente que tal painel ainda não existe, mas, dadas as enormes oportunidades comerciais, é um imperativo primordial para qualquer CSP. De uma perspectiva puramente técnica, a reinvenção dos *front offices* do CSP abrirá uma porta de entrada pela qual os clientes poderão se envolver com seu fornecedor em seus próprios termos.

Isso exige que os CSPs construam, executem e mantenham uma camada de experiência aumentada do cliente que é alimentada e impulsionada pela inteligência de dados. A construção de tal camada é uma saída fundamental das camadas tradicionais de gerenciamento de relacionamento com o cliente e sistemas de suporte comercial que os operadores construíram e mantiveram ao longo de décadas. A mudança é necessária porque, no Lar do Futuro, os CSPs devem atender a cada cliente individualmente — mesmo quando a contagem de clientes chegar aos milhões. A automação, incluindo atendimento automatizado ao cliente por meio de chatbots, por exemplo, é a única maneira de fazê-lo. Para dar um exemplo prático, a Accenture implementou para a Swisscom[4] uma plataforma digital omnichannel (DOCP) que foi projetada para acelerar sua capacidade de oferecer uma experiência omnichannel em todas as linhas de interação com o cliente — via on-line, na loja, call centers, aplicativos móveis e canais sociais.

Dois: Reinvente o *back office*

Como já está implícito em nossa discussão de novos recursos e tecnologias nos *front offices* dos CSPs, isso deve acompanhar a reinvenção de tecnologias, estruturas e processos no *back office* — ou seja, tudo o que, em última instância, tratará da gestão das redes do Lar do Futuro e dos fluxos de dados concomitantes.

Muitos CSPs ainda têm sistemas de suporte operacional em silos, inflexíveis e obsoletos. O *back office* deve, em vez disso, tornar-se tão ágil e responsivo quanto o negócio agora visa ser para os clientes; um colega de trabalho ativo e abrangente do *front office*. Portanto, a gestão operacional e a criação e operacionalização dos processos de pós-venda do cliente serão fundamentais, assim como ter as ferramentas e técnicas para estabelecer parcerias e apoiar a interação humana. Sem elas, a escala de retenção de clientes necessária para operacionalizar os negócios conectados será impossível.

Um passo prático em direção a tudo isso seria a migração dos CSPs para operações de rede inteligente. Essas operações são sistemas automatizados que fazem uso pesado de IA para antecipar as expectativas e necessidades do consumidor e/ou do pessoal interno e, assim, fornecer experiências contínuas que permitam aos CSPs transformar seu modelo tradicional de operação em uma organização de plataforma digital que oferece melhor valor aos clientes, que seriam capazes de gerenciar a implementação de novos recursos, estabelecendo o caminho para se tornar o fornecedor central de serviços dentro dos ecossistemas. As operações de *back office* se tornariam enxutas e ágeis, apoiando os modelos de negócios inovadores e dinâmicos necessários e suas interações de alta frequência com os clientes.

Tomemos o exemplo dos motores de automação de processos robóticos que operam como parte de uma solução desse tipo. Prepare-se para a parte científica: eles podem abrir automaticamente chamados de clientes, observar que um problema do cliente foi registrado e está sendo tratado e executar diagnósticos, bem como fazer análises de impacto no cliente e acompanhar chamados até o fechamento. Um *digibot* algorítmico desperta com um alarme, completa as verificações de diagnóstico e insere automaticamente os clientes impactados no sistema de gerenciamento de relacionamento com o cliente.

Se tudo isso é grego para você, aqui está um bom exemplo de como isso funciona na prática. Na empresa de telecomunicações estadunidense CenturyLink, uma agente de IA chamada Angie trabalha com gerentes de vendas para identificar as oportunidades de vendas mais promissoras. A inteligente Angie se engaja via e-mail com os potenciais clientes e interpreta as interações para determinar quais delas devem ser descartadas ou buscadas. A solução filtra quarenta oportunidades de alto potencial de conversão para gerentes de vendas a cada mês e, até agora, gerou vinte dólares em novos contratos para cada dólar gasto no sistema.[5]

Ou considere o CSP da companhia espanhola Telefónica como um exemplo a seguir para a utilização dessas configurações de novas tecnologias. Em uma seleção de seus mercados, a empresa implantou um assistente cognitivo com base em IA, chamado Aura, que é ativado pela voz dos clientes. A entrada verbal permanente aciona o sistema para aprender sempre, e essa interação permite que Aura, por fim, apresente recomendações personalizadas para suporte. O uso dessa tecnologia não só leva a níveis de experiência do cliente muito melhores — também torna os processos internos mais eficientes, pois os algoritmos trabalham com mais precisão e sem limites de tempo, em comparação com os operadores humanos.[6] Os resultados gerados por Aura também ajudam a melhorar a manutenção preditiva e a otimização da rede.

O negócio de ser um CSP, como você pode ver, se torna muito mais centrado no cliente. A execução de ponta a ponta de grandes programas de rede em ecossistemas de entrega complexos é escalonada e organizada pela antecipação das expectativas do consumidor e pelo fornecimento de experiências perfeitas.

Três: Treine e equipe seu talento para o CSP do futuro

O elemento que unirá a nova organização ágil é seu pessoal e seu talento — uma noção que é sistematicamente destacada, mas não totalmente posta em prática na realidade. Não pode mais ser assim. Os CSPs exigirão um cenário de força de trabalho muito diferente para assegurar seu papel como construtores de ecossistemas nos mercados emergentes do Lar do Futuro. Por sorte, os líderes empresariais de CSPs parecem entender que as tecnologias digitais redefiniram a maneira como as pessoas trabalham e que elas devem agir de acordo.

Como um exemplo central do que está impulsionando a mudança, considere a IA, atualmente impulsionando a força de trabalho do CSP para o próximo nível de transformação digital. Vale a pena discutir isso em alguns detalhes porque, mesmo sendo apenas uma das tecnologias-chave, ela representa uma mudança sistemática muito extensa. Agora não se trata apenas de aumentar as tarefas que os funcionários e o pessoal de serviço realizam, mas de acelerar o ritmo da mudança organizacional e da criação de valor. A Ericsson automatizou, por exemplo, quatrocentas mil horas de trabalho por ano, utilizando mais de cem robôs de automação de processos, que realizaram mais de um milhão de transações. O fabricante de equipamentos de telecomunicação verificou, assim, custos, qualidade, satisfação do cliente e melhorias de tempo de execução em funções e áreas de negócios.[7]

A IA também pode melhorar muito as experiências dos funcionários e dos clientes, permitir agilidade, colaboração e personalização e acelerar a tomada de decisões. Para os CSPs, a IA também pode gerar novos cargos e oportunidades que permitem que a força de trabalho inteligente brilhe. Na verdade, 63 por cento dos líderes de CSPs esperam que tecnologias inteligentes gerem mais empregos nos próximos três anos. Os trabalhadores de CSP estão entusiasmados com as possibilidades e prontos para mudanças; 82 por cento estão confiantes em trabalhar com tecnologias inteligentes.[8]

Mas considere a realidade atual no que diz respeito às habilidades. A idade média da força de trabalho do CSP é de meados a fins dos quarenta anos. Para desbloquear as habilidades e talentos do futuro, as organizações precisarão passar por uma considerável mudança em sua força de trabalho. Trabalhadores mais experientes continuarão a ser valiosos por sua sabedoria e sua experiência, mas também serão necessárias gerações mais inteligentes em termos digitais.

As empresas de CSP precisarão, especificamente, desses trabalhadores para fornecer um conjunto competitivo de competências, incluindo infraestrutura, telecomunicações, software, design, design de serviços e habilidades de *design thinking*, tudo tratado de modo a colocar a experiência do usuário no centro de cada processo e interação com o cliente.

Esse talento hoje não existe no mercado, tampouco está emergindo diretamente das universidades. Em vez disso, os fornecedores precisarão cultivar essas habilidades nos próximos anos para desenvolver a força de trabalho de que necessitam. Os CSPs terão efetivamente que criar centros internos que ofereçam treinamento sob medida para suas respectivas unidades de negócios.

Quatro: Desenvolvimento de produtos impulsionado e rápido

Criar uma nova camada de desenvolvimento de produtos e serviços dentro de uma organização tradicional de CSP é mais fácil de dizer do que fazer. Para os futuros mercados domésticos, é necessária uma mudança de mentalidade para lançar serviços em poucas semanas ou, em alguns casos, poucos dias. Tenha em mente que os produtos de CSP de hoje estão frequentemente entrincheirados em ciclos de desenvolvimento e testes que duram meses e até anos. Como guardiões, os CSPs devem procurar se tornar os mais rápidos e inovadores em seu ecossistema. Não é apenas uma questão de orgulho; é operacionalmente necessário, pois os CSPs não apenas oferecerão seus próprios produtos aos consumidores, mas também fornecerão os de seus parceiros de ecossistema. Eles não podem se dar ao luxo de se tornarem um gargalo. E não podem ficar aquém da promessa que fazem a seus clientes — em cada serviço individual, mas também, e ainda mais importante, em torno de privacidade, segurança e IA ética. A evolução dos recursos tecnológicos nessas áreas é tão rápida que os CSPs precisam reinventar por completo a maneira de trabalhar para acompanhar o que está acontecendo ao seu redor.

Para atingir a velocidade necessária, os CSPs precisarão passar para um desenvolvimento ágil com base em dados coletados a partir do uso, colaborando com os usuários finais — clientes — e criando um relacionamento fundamentado na confiança em que a base de clientes, em conjunto com os parceiros do ecossistema, apoia os testes e o desenvolvimento do produto. Eles terão que fazer isso mesmo sem um mercado totalmente desenvolvido ou uma clara expectativa de sucesso e retorno sobre investimento. Os clientes e suas preferências ditarão ciclos de inovação por meio de resposta direta aos CSPs — muitas vezes em tempo real —, e as ofertas para atender necessidades específicas podem ter de ser colocadas em prática com mais velocidade do que foram desenvolvidas, à medida que surgirem novas exigências dos clientes. A monetização passará a ser feita após o lançamento. Em vez de os CSPs venderem um serviço e sua infraestrutura antecipadamente, eles cobrarão com base nos resultados individuais do cliente.

Essa cultura de desenvolvimento rápido de produtos está mais próxima da mentalidade clássica de startups de "falha rápida" do que as diligentes avaliações de receptividade do mercado antes do lançamento que são típicas para os operadores do setor.

Se bem feito, o novo modelo de monetização se tornará uma característica-chave do Lar do Futuro para todos os *players*, com clientes faturados pelas ofertas individuais que adquirem, permitindo que cada um tenha a experiência mais adaptada e personalizada possível. Tudo isso dependerá da velocidade, da capacidade de resposta e da agilidade que acabamos de descrever.

Cinco: Renove suas plataformas tecnológicas

É necessária uma mudança igualmente rápida e radical nas plataformas tecnológicas dos CSPs. Para desenvolver com sucesso novos negócios, eles precisarão de plataformas abertas que conectem consumidores e fornecedores e ofereçam "como um serviço".

As plataformas são diferentes dos modelos tradicionais de duas maneiras: elas podem escalonar a taxas sem precedentes, impulsionadas principalmente pelo baixo custo de aquisição de clientes e pelos efeitos de rede. E permitem às empresas acelerar a inovação e desenvolver características a um ritmo que só é possível porque não estão operando sozinhas, mas são capazes de absorver e integrar continuamente um universo em constante expansão de constituintes do ecossistema do Lar do Futuro.

Como já dissemos, o ecossistema do Lar do Futuro precisará acrescentar novos dispositivos e serviços de maneira contínua, crescendo com as necessidades dos clientes e a rápida evolução tecnológica. Um CSP comandando a plataforma poderá garantir que os dispositivos sejam testados quanto à segurança e à facilidade de uso. E, ao combinar sua análise de dados do consumidor e um hub digital, depois alavancando um ecossistema de fornecedores para o comércio, os CSPs também podem oferecer um mercado de serviços personalizados.

Mas, por definição, essas plataformas também precisarão ser multifornecedoras e de código aberto, permitindo uma plataforma que possa absorver e criar em conjunto com uma multiplicidade de constituintes do ecossistema que está programado para aumentar com o tempo. Com o ciclo de inovação acelerando e as tecnologias se depreciando e evoluindo com muito mais rapidez a agilidade também é fundamental aqui, exigindo plataformas que sejam abertas, totalmente virtualizadas e orientadas por API, apresentando interfaces programáveis que possam funcionar por meio de padrões e parceiros e criar soluções de múltiplos fornecedores da melhor qualidade.

A criação de tais soluções impulsionadas por serviços também exigirá uma mudança de mentalidade no modo como as plataformas tecnológicas são construídas. Os CSPs já começaram a se afastar do modelo tradicional, altamente estruturado e hierárquico de representação em cascata para a cultura ágil e inspirada no DevOps que discutimos no tópico anterior — mas seu foco e sua aplicação precisam ser acelerados e devem ser abraçados de ponta a ponta através de redes, sistemas, processos e pessoas, e não apenas na camada de TI. E eles precisam ter uma visão arquitetônica supercrítica e capacidade de execução que lhes permita projetar essas novas plataformas para serem seguras e responsáveis e respeitar intencionalmente os mais altos padrões de privacidade.

Se feitas de maneira correta, as linhas irão de fato ficar difusas entre as formas como o software e as plataformas de comunicação são construídas, desbloqueando uma nova camada de convergência crítica para a realização da experiência de vida conectada.

Seis: Ative uma camada de conectividade penetrante

Descrevemos no Capítulo 4 como organizar o Lar do Futuro exigiria a implantação do 5G juntamente com um conjunto de tecnologias complementares, como eSIM, edge computing e análises avançadas.

O pilar final, sem dúvida, o mais importante dessa transformação, é a incorporação de uma camada de conectividade abrangente que una todos os outros elementos e forneça a conectividade necessária para alimentar a casa conectada.[9] Como dissemos desde o início deste livro, o 5G — com sua velocidade, escala e baixa latência — é a força agregadora que pode proporcionar a vida conectada expansível do Lar do Futuro.

Mas, para construir o Lar do Futuro em 5G, uma mudança de paradigma também é necessária no modo como os CSPs abordam a conectividade. A Accenture identificou quatro ações que acreditamos serem críticas:

1 Construir operações de rede inteligente, como discutido no tópico Dois: Reinventar o *back office*.

2 Estabelecer uma camada de plataformas de rede programáveis que se encaixam na capacidade da plataforma global.

3 Desbloquear os serviços de rede de modo a permitir que eles sejam consumidos por camadas mais altas de serviços.

4 Criar infraestruturas *on-demand* em casa que sejam elásticas e tenham a capacidade de absorver novos serviços — exigindo nova largura de banda, otimização de custos e modelos de monetização e uma visão renovada da economia de rede.

Os CSPs precisam manter suas posições atuais fortes, bem como provas futuras contra as ameaças inovadoras de outros tipos de negócios que procuram assumir um papel central no mercado do Lar do Futuro. No entanto, como já dissemos aqui: a segurança recém-adquirida será aquela em que a expansão para novo crescimento será uma jornada deliberada e perpétua de mudança. Não será um único evento de transformação.

À medida que o ritmo das mudanças e inovações tecnológicas aumenta, e abraçamos a noção de que o Lar do Futuro habilitado para 5G nos seguirá para onde quer que formos, os consumidores aumentarão progressivamente seu nível de conforto com essa camada de conectividade. Conforme o fizerem, a percepção que têm dela mudará também, passando da noção atual de conectividade como um "fator higiênico" — necessário para evitar insatisfação, mas não particularmente satisfatório — para um que não apenas desbloqueie experiências que nos fazem sentir em casa independentemente de onde estivermos, mas que também enriqueça a experiência em geral.

Figura 6.1 Quebrando a cadeia de valor do CSP para destravar o Lar do Futuro — seis imperativos

Ao acertar isso, os CSPs criarão uma experiência de cliente muito aderente que constrói lealdade — vital à luz da dinâmica de mercado inovadora de hoje e do comportamento inconstante do cliente.

Lições

1 As empresas de CSP desfrutam de uma vantagem na corrida pelo Lar do Futuro, pois combinam alta confiança do consumidor com estreito relacionamento com o cliente e a condição de guardião da infraestrutura de conectividade.

2 Mas o setor de CSP precisa renovar sua abordagem, digitalizar seus *front* e *back offices*, treinar talentos para o novo mundo de serviços e adotar ciclos mais rápidos de desenvolvimento de produtos.

3 É primordial para os CSPs construir negócios de plataformas ágeis que possam acomodar ecossistemas envolvendo uma ampla gama de parceiros.

7
Modelos de negócios emergentes para o Lar do Futuro

RESUMO DO CAPÍTULO

A fim de aproveitar ao máximo o mercado emergente do Lar do Futuro, os prestadores de serviços de comunicação (CSPs) precisarão evoluir seu modelo atual de prestador de serviços verticalmente integrado. Para se manterem relevantes nas rotinas digitais de seus clientes, eles se estabelecerão como uma plataforma multifacetada organizando e coordenando o Lar do Futuro. A mudança representa enormes oportunidades, pois significa controlar dados e seus fluxos, em vez de apenas ser um provedor de infraestrutura que fornece conectividade. Como um modelo de negócios novo, isso é mais rápido, muito mais ágil e expansivo do que o antigo. Ele requer uma configuração muito diferente, não apenas internamente, mas com vários stakeholders externos: especialistas em tecnologia na fabricação de dispositivos, desenvolvimento de aplicativos, recursos de IA e edge computing e também uma gama mais ampla de prestadores de serviços de setores não tecnológicos como saúde, finanças ou entretenimento, para citar apenas alguns. Esses parceiros devem encontrar um modo de aliança que recompense todas as suas contribuições para o esforço de plataforma multifacetada — com os CSPs tendo as melhores chances de se tornarem os principais organizadores.

O Lar do Futuro será construído em torno de uma nova cadeia de valor de parceiros ecossistêmicos. Oportunidades em torno desse novo mercado emergente convidarão esses parceiros a se beneficiar e extrair um valor enorme. Todos que se juntarem à cadeia de valor precisarão desenvolver iniciativas para contribuir de algum modo para as soluções do Lar do Futuro com experiência de usuário excepcional — em áreas como *streaming* de jogos multiplayer, gerenciamento de energia, saúde domiciliar remota ou entretenimento imersivo. Parcerias flexíveis evoluirão, permitindo aos CSPs empreender abordagens operacionais inteiramente novas por trás de novos modelos de negócios.

O retorno limitado para os CSPs dos serviços domésticos convencionais

Contra esse cenário futuro bastante fluido, a maioria dos CSPs atuais tentou permanecer como o equivalente a solistas estáticos em vez de maestros de orquestra com talento para improvisar. Seu principal objetivo era, e na maioria dos casos ainda é, vender pacotes de serviços domésticos conectados manualmente, no máximo, e dispositivos conectados apenas em alguns casos, aos milhões de clientes que atendem como fornecedores de infraestrutura antigos conectando residências a redes de banda larga. Essa estratégia não tem sido sem sucesso, como demonstram soluções como a Xfinity Home da Comcast ou a Magenta Smart Home da Deutsche Telekom, embora a questão permaneça se tais modelos de negócios não poderiam obter um novo impulso econômico ao serem ajustados para um modelo de aliança mais amplo.

No Capítulo 4, discutimos as questões com o lar conectado de hoje. Recapitulando, ele começa com um hub, um item de hardware central na casa que está equipado para lidar com diferentes padrões de rádio, funcionando como um conector universal para vários dispositivos. Os aplicativos executados nos dispositivos permitem aos usuários controlar e derivar dados deles, gerenciando, por exemplo, o uso de energia ou o vídeo a partir da campainha conectada. Nada disso, no entanto, proporcionou um crescimento relevante ou novos pools de lucros significativos para os CSPs ou outras empresas ativas no campo. Embora haja, reconhecidamente, algum valor no gerenciamento do consumo de energia, no controle da iluminação, ou em cuidar da casa quando você está fora, os benefícios para usuários e fornecedores são até agora limitados, pois cada serviço só funciona de maneira isolada.

Alguns CSPs já estabelecidos introduziram uma taxa de serviço para dispositivos conectados ao celular em casa para recuperar o investimento e aumentar a receita média por usuário (ARPU, na sigla em inglês). No entanto, isso também não apresentou um sucesso convincente. Mesmo entre os clientes que pagam a taxa, apenas alguns ativaram o celular e utilizaram o serviço. Isso é um risco, pois não entrega o que os CSPs cobram de seus clientes por mês, e poderia se transformar em danos à reputação de toda a sua franquia se os clientes descobrissem que pagaram sem receber benefícios significativos em troca. Portanto, é difícil ver como os CSPs podem conduzir um significativo negócio de lar conectado de forma lucrativa dentro de seus modelos de negócios tradicionais.

Dispositivos de plataforma controlados por voz: liderando o caminho para o Lar do Futuro

Ao mesmo tempo, quando os CSPs começaram a promover suas ofertas domésticas, os primeiros dispositivos ambientes com voz, como o Amazon Alexa ou o Google Home, entraram no mercado, colocando um dispositivo inteligente nas mesas de centro ou nas molduras das lareiras das pessoas: o assistente doméstico pessoal. Embora muitos usuários estivessem preocupados com a confiança e a privacidade em relação a esses dispositivos de voz, milhões de lares os adotaram em apenas alguns anos.

Os dispositivos ostentam um controle por voz, o que aumenta de modo significativo sua capacidade de utilização. Entretanto, ainda mais importante, eles se concentram não em conectar dispositivos em casa, mas em resolver um problema bilateral: para o usuário, eles fornecem usos interessantes e relevantes envolvidos em uma experiência do cliente que a maioria das pessoas gosta; ao mesmo tempo, terceiros podem acrescentar habilidades a tais dispositivos assistentes, de modo que a variedade de serviços possa crescer de maneira constante. Os CSPs estabelecidos também entraram nesse novo mercado. Em um grande impulso conjunto, a Orange e a Deutsche Telekom criaram sua própria versão de um assistente com recurso de voz. A principal diferença em relação aos precursores pioneiros é a promessa de tratar os dados pessoais de modo diferente, com uma oferta projetada especificamente em torno da segurança e da privacidade.[1] Ao mesmo tempo, esse assistente fornecido pelo CSP ainda trabalha com o mesmo modelo básico dos dispositivos que lideraram o caminho: uma abordagem de plataforma aberta e multilateral.

Como as plataformas multilaterais irão inovar a integração vertical

Com essa notável exceção, a abordagem tradicional dos CSPs aos negócios permanece, como já dissemos, a de um prestador de serviços integrado verticalmente em silos. Já está na hora de eles levarem em consideração o sucesso da Amazon e do Google com um modelo de plataforma e tentarem entender como podem colher os benefícios eles mesmos, ou se unirem a uma plataforma existente e ajustá-la de modo a criar um benefício crível para seu usuário final. É uma grande oportunidade e a questão crucial em aberto é se os CSPs podem aproveitá-la e assim colocar-se no centro lucrativo do mercado do Lar do Futuro.

Por que agora é o momento para que os CSPs considerem a sério a transição de um prestador de serviços verticalmente integrado para plataformas multilaterais? Há um forte argumento de que a integração vertical sempre foi vulnerável a inovações. Os operadores de CSP estabelecidos têm um longo histórico de adição de serviços ao seu principal papel de provedores de acesso à infraestrutura. No início, eles introduziram portais e acesso a conteúdo exclusivo para fomentar a lealdade, reduzir a rotatividade dos clientes e escapar da pressão de preços em mercados competitivos. No entanto, isso levou a várias ondas de construção de "jardins murados" onde os CSPs ofereciam seus próprios serviços proprietários e permaneciam com o olhar voltado para dentro, fazendo pouco esforço para se associarem a ou criarem uma plataforma das ofertas de outros provedores de serviços. Na maioria dos casos, criou-se um valor econômico limitado, embora tenha ajudado a estabilizar a participação de mercado por um tempo.

Mas a história recente da tecnologia de comunicação dá vários avisos contra a integração vertical a longo prazo. Porque, por fim, uma plataforma irá aparecer e atrapalhar seus negócios. Veja, por exemplo, portais de telefonia móvel como i-mode, Terra ou T-Online. Eles foram eclipsados, primeiro pelo Google Search, no computador; e depois pelo Android, no smartphone. O Google viu que, com o Android, poderia ser tanto o fornecedor de um sistema operacional de telecomunicações móveis quanto de internet, oferecendo uma plataforma para aplicativos de terceiros. O lucro para eles veio tanto diretamente dessas colaborações quanto do valor agregado aos clientes — sem ter ou gerir demais qualquer conteúdo entregue sobre a plataforma.[2]

O padrão sem fio 5G provavelmente fornece ao modelo comercial integrado para CSPs uma ameaça a mais de descontinuidade. Embora, em geral, o investimento financeiro orientado a ativos na rede física tenha sido a principal fonte de receita para os operadores estabelecidos — e seus pontos de controle exclusivos e defensáveis —, os ativos físicos estão sendo cada vez mais suplantados em importância pelos fluxos de dados e software. Afinal, as redes 5G trazem a grande novidade de latência muito baixa, alta velocidade e ampla capacidade de dados, conectando dispositivos diretamente a uma rede. Tais recursos podem consolidar o acesso e o tráfego de dados de um Lar do Futuro em um único canal de transmissão sem fio. E isso possibilita, sobretudo, que os serviços e os dispositivos domésticos confiem mais em software configurável, com o efeito imediato de que os serviços alcancem uma qualidade muito maior e se envolvam mais a fundo na vida dos consumidores domésticos. Os CSPs podem estar no centro disso, se eles contribuírem com os elementos essenciais que farão o Lar do Futuro funcionar — relevância, escalabilidade, experiência e confiança.

Buscando relevância de serviços para o usuário final dentro dos ecossistemas

Para criar valor econômico real para si e valor suficiente para o consumidor, os CSPs terão que aumentar sua relevância nas rotinas digitais dos futuros usuários domésticos. Para isso, eles precisam encontrar maneiras de se abrir e se envolver com algum tipo de ecossistema. E isso implica, de modo não menos importante, reinventar os novos recursos de *front* e *back office* e todos os conjuntos de habilidades e recursos inovadores descritos no capítulo anterior. Os CSPs que aceitarem esse desafio se tornarão organizadores de ecossistemas para seus clientes e usuários.

No entanto, o afastamento do modelo comercial integrado tradicional é enorme, e os fatores de sucesso e as capacidades cruciais em uma plataforma e em um mercado com base em ecossistemas são significativamente diferentes. A lista a seguir (Figura 7.1) fornece uma visão geral de quão distantes estão os dois modelos de negócios. Pode-se ver a partir dela quão drasticamente o gasto de capital, os indicadores-chave de desempenho (KPIs) e a criação de boas experiências de consumo mudam. A partir de suas antigas estruturas em silos, verticais e internas, os CSPs devem assumir a responsabilidade por todo um ecossistema do Lar do Futuro que salvaguarda o fluxo de dados e fornece não apenas serviços ao usuário, mas também um amplo conjunto de serviços auxiliares para o ecossistema.

Figura 7.1 Do antigo para o novo para os CSPs: integração vertical *vs.* ecossistemas de plataforma

		PRESTADOR DE SERVIÇOS VERTICALMENTE INTEGRADO	ECOSSISTEMA DE PLATAFORMA
	Pontos de controle	Contrato, pontos de controle físico, atendimento ao cliente	Gerenciamento de identidade, segurança e privacidade, bem como estoques de dados e fluxos
	KPIs	ARPU	Alcance
	Foco de negócios	Agrupamento de serviços	Relevância e ecossistema em torno de informações e dados comercializáveis
	Envolvimento do cliente	Minimizar a interação	Experiência omnichannel aberta e contínua
	Inserção do produto no mercado	Canais próprios e de terceiros	Unificado pelo ecossistema
	Perfil de investimento	+80% de infraestrutura de rede	Recursos de software ativos. Alavanca o ecossistema para investimentos em infraestrutura
	Produtos e serviços	Serviços de comunicação e de agregação de serviços de conteúdo	Serviços capacitadores com base em ecossistema
	Plataforma	Ecossistema murado fechado	Com base em ecossistema aberto
	Talento e gestão	Possuir toda a cadeia de entrega e gestão de vendedores	Tem a experiência e a pesada alavancagem das habilidades do ecossistema

Conquistando novos pontos de controle como guardião de dados

Nos cinco anos desde que a Alexa foi apresentada pela primeira vez em novembro de 2014, a Amazon vendeu mais de cem milhões desses dispositivos. Mais de cem mil habilidades Alexa foram desenvolvidas por terceiros até hoje, e 150-200 habilidades são acrescentadas a cada dia. A Amazon atraiu uma comunidade de desenvolvedores que agora está nas centenas de milhares.[3] Os CSPs podem ter sucesso semelhante, mas, em outro distanciamento crucial de seu modelo comercial vigente, eles precisarão encontrar uma maneira de dominar o enorme desafio da escalabilidade com a comunidade de desenvolvedores.

Para fazer isso, os CSPs mais uma vez vão encontrar orientação no sucesso dos sistemas operacionais dominantes de smartphones, como o Android. Ele atrai uma enorme comunidade de desenvolvedores que contribui sempre com novos aplicativos, e uma atividade similar é atualmente observável em torno das plataformas habilitadas para voz que acabamos de discutir.

Nessa nova abordagem, os pontos de controle de dados estarão em dispositivos conectados — roteadores e set-top-boxes, bem como dispositivos habilitados para voz. E como as redes sem fio 5G desempenham um papel maior no Lar do Futuro, outros pontos de controle de dados evoluirão diretamente a partir dessa rede de propriedade do CSP. Portanto, os CSPs devem encontrar maneiras de acessar e controlar os fluxos de dados e gerenciá-los em nome do cliente. Recomendamos que os CSPs se diferenciem com conceitos de confiança, proteção, confiabilidade e segurança — porque o novo papel de tais provedores implicará serem os principais gerentes de dados protegidos do cliente, as informações que fluem dos vários dispositivos de terceiros no Lar do Futuro.

Quanto mais pontos de controle de dados houver, mais transações de usuários um proprietário de plataforma pode permitir dentro de seu ecossistema, e isso significa mais valor para eles.

A Figura 7.2 mostra os vários pontos de valor que os CSPs poderiam explorar, agrupados em torno de seu serviço principal de fornecimento de conectividade 5G para residências.

Pode-se ver no gráfico que os CSPs têm um amplo conjunto de pontos de controle sob sua égide, dos quais se pode extrair dados relevantes do usuário. Eles têm a relação de faturamento com milhões de clientes finais, executam o ponto de acesso utilizando roteadores ou set-top boxes, possuem os cartões SIM incorporados nos dispositivos, têm acesso a alguns dispositivos conectados na borda das redes e estão adicionando novos pontos de controle ali à medida que se movem para o 5G.

Figura 7.2 Potenciais pontos de controle com base em um ecossistema de plataforma de um CSP

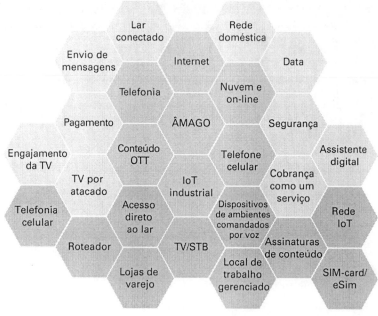

— Pontos de controle físico
— Serviços cruciais
— Pontos de controle com base em serviços

Justificando o controle de dados por meio de uma excelente experiência do usuário

O principal desafio dessa estratégia é que nem sempre os CSPs podem utilizar os fluxos de dados que passam por suas redes e transformá-los em ativos comerciáveis com os parceiros de confiança do ecossistema do Lar do Futuro. Para serem autorizados a usá-los de acordo com as expectativas do cliente, eles precisam fornecer um serviço excelente e essencial. O benefício final do usuário de um serviço de

Lar do Futuro precisa ser maior do que a percepção de perda de controle sobre dados pessoais ou de uso específicos.

Sim, os CSPs também precisam provar que não vão abusar de seu poder de controle sobre os dados dos usuários. Mas as promessas de privacidade e segurança não são suficientes sem uma ótima experiência do cliente. Numerosos estudos de pesquisa têm mostrado o quanto os usuários valorizam as boas experiências de serviços e produtos. Eles aprofundam a confiança do consumidor e a inclinação a manter um relacionamento com um provedor de serviços. A explosão dos serviços de internet e aplicativos móveis fora do Lar do Futuro é a prova: os consumidores estão felizes em compartilhar dados se eles puderem trocá-los por um serviço que crie valor real para eles.

Os clientes confiam nos serviços que eles consideram relevantes e úteis em suas rotinas. Um CSP, Swisscom, introduziu recentemente uma nova plataforma omnichannel (OCE, Experiência Multicanais do Cliente), cujo foco principal não é mais o produto, mas o usuário.[4] A plataforma dá à Swisscom uma visão sobre cada um dos clientes, possibilitando, pela primeira vez, que eles entendam qual serviço é consumido por qual usuário em determinado lar. Em março de 2019, a Telia da Suécia lançou a Telia Smart Family, um conceito no qual um CSP apoia proativamente as rotinas digitais de suas comunidades domésticas.[5] Para a maioria dos CSPs, no entanto, alcançar esse tipo de relevância para os clientes ainda é uma longa e contínua jornada. E mesmo aqueles que adotaram a tecnologia de plataforma, como os exemplos anteriores, ainda estão no início de sua jornada para transformar os recursos recém-adquiridos em novos valores verdadeiros para seus clientes.

A necessidade da plataforma de parcerias e alianças

No passado, os CSPs apenas integravam serviços de parceiros em seus produtos e ofereciam o pacote completo sob seu nome. Assim, toda a cadeia de valor se baseava na comercialização bem-sucedida de tais pacotes. O valor gerado, pequeno como era, era então distribuído pelo CSP a todas as partes contribuintes e o ecossistema dependia do CSP vir à frente.

Por outro lado, o Lar do Futuro deve ser dominado por plataformas abertas que, ao contrário da abordagem de pacote, ofereçam incentivos para que todos os participantes construam seus próprios negócios utilizando os recursos da plataforma. Muitos tipos de parceiros precisam ser atraídos para construir e sustentar o crescimento e o sucesso da plataforma. Ela começa com dispositivos e serviços conectados. Em vez de serem integrados em ofertas agregadas, precisam ter a oportunidade de fornecer seus serviços diretamente ao usuário ou oferecer a funcionalidade e os dados que são gerados para outras aplicações.

Depois, há todos os diferentes parceiros industriais de áreas como saúde, fitness, finanças, seguros, bens de consumo, varejo, entrega de alimentos e muito mais. Os CSPs precisarão atrair todos eles para aderir à plataforma ao longo do tempo.

Em seguida, vem a comunidade de desenvolvedores. Há cerca de 25 milhões de desenvolvedores ativos globalmente. Desses, 7,5 milhões trabalham na Europa e na Ásia, uns bons cinco milhões estão na América do Norte, e os demais estão distribuídos pelo mundo. Sessenta e cinco por cento deles trabalham em meio período e, no entanto, querem ganhar mais dinheiro em seus aplicativos ou ver a adoção de suas grandes ideias.[6] Portanto, só concentram seu esforço em plataformas que criam alcance suficiente.

Por fim outros prestadores de serviços serão necessários. Eles darão suporte aos CSPs quando se tratar de desbloquear edge computing, grandes análises de dados, criação de IA e de aprendizado por máquina, análises acionáveis, serviços de segurança e serviços de pagamento e entrega.

Para atrair esses parceiros, os CSPs precisarão oferecer plataformas que tenham uma proposta de valor superior às plataformas convencionais já utilizadas, agregando conteúdo de mídia por meio de produtos de infraestrutura. A chave do sucesso será encontrar o caminho para a transição para os novos modelos mais atraentes, sem abandonar o que é lucrativo do modelo antigo.

Ao mesmo tempo, os CSPs — frequentemente ex-monopólios estatais ativos dentro das fronteiras nacionais — precisam alcançar escalabilidade e alcance se quiserem apelar para os desenvolvedores. Como um desenvolvedor de aplicativos de serviços domésticos em Cingapura encontraria um CSP no Canadá com o qual valeria a pena fazer uma parceria em uma solução de Lar do Futuro quando existe apenas um pequeno mercado no Canadá, de apenas dez por cento do total populacional dos Estados Unidos e, de qualquer forma, só podem ser alcançados através de protocolos de dados designados, fornecidos por um CSP específico?

As normas internacionais são a solução. Os CSPs raramente tiveram muito sucesso em colaborar para criar soluções ou padrões de plataforma em escala global, mas agora será essencial que eles se alinhem por trás de um ou dois padrões globais. Onde outrora o fizeram — por exemplo, quando concordaram com o padrão global GSM sem fio — eles criaram valor exponencial tanto para si quanto para os usuários e a sociedade. Eles só precisam fazer isso de novo.

Por que aplicativos domésticos individuais conectados não são suficientes

A maioria dos operadores até agora tentou vencer a batalha pelo lar com um aplicativo de automação doméstica. O iControl da Comcast e o Qivicon da Deutsche Telekom foram as primeiras e bem-sucedidas tentativas.[7] O iControl teve a vantagem de oferecer uma solução de segurança doméstica mais barata do tipo "faça você mesmo" do que a maioria de suas alternativas. Mas, de qualquer perspectiva, as vantagens dessa abordagem tiveram de ser ainda mais desenvolvidas.

Tanto em um smartphone quanto em casa: não é necessário apenas um aplicativo que permita ao usuário controlar ou organizar um cenário específico, mas uma infinidade de pequenas coisas que melhoram a vida e nos dão suporte a cada dia — assim como um fluxo contínuo de inovação oferecido ao usuário por desenvolvedores inventivos.

No Capítulo 2, analisamos oito diferentes mentalidades de usuários e a proliferação das necessidades do Lar do Futuro. É improvável que apenas um aplicativo atenda a todas essas necessidades e mantenha os diferentes segmentos de usuários interessados. Os CSPs ainda podem oferecer seus próprios aplicativos, e certamente o farão. Mas, ao mesmo tempo, eles precisam fornecer interfaces de programação de aplicativos (APIs) abertas para que terceiros possam trazer suas próprias ofertas aos clientes domésticos. Esse será o caminho para os CSPs atingirem múltiplos pontos de controle, gerando dados e transformando-os em ativos comercializáveis que forneçam valor para todos — CSPs, parceiros de ecossistema e consumidores.

O jogo prolongado de alinhamento de incentivos para parceiros de plataforma

Todos os parceiros do ecossistema terão interesses diferentes, que os CSPs precisarão compreender e alinhar. Uma tarefa-chave aqui será reinventar a monetização de modo a proporcionar incentivos para que todos os parceiros se envolvam.

Enquanto alguns fabricantes de dispositivos podem não esperar nenhum fluxo adicional de receita proveniente da conexão de seus dispositivos, estando apenas interessados na relevância e na atratividade de seus produtos em um Lar do Futuro, outros parceiros do setor podem já estar em um negócio de serviços ou no processo de transformar seu negócio de hardware, pelo menos parcialmente, em um. Como consequência, alguns podem querer criar um portfólio de serviços mais amplo por conta própria, oferecendo um fluxo de serviços com base em inovação por meio de seu hardware para o lar. Os desenvolvedores buscarão oportunidades de alcance e de monetização, bem como a experiência do cliente que eles podem criar em uma plataforma específica. Os provedores de serviços, por sua vez, procurarão vender oportunidades ao CSP para melhorar os recursos da plataforma ou trabalhar em conjunto para vender serviços de valor agregado para residências, fabricantes de dispositivos conectados ou parceiros industriais — como serviços para melhorar a cobertura de banda larga em residências, firewalls e outras soluções de segurança ou serviços específicos para melhorar a experiência.

Todos esses diferentes tipos de parceiros julgarão seu engajamento com base na escalabilidade e no alcance que podem gerar se fizerem parceria com os CSPs. Eles também avaliarão a facilidade de criar receitas incrementais de serviços em torno de uma plataforma do Lar do Futuro. Esses grupos serão muito motivados pelo alcance e pela conveniência de criar um negócio em torno da plataforma do CSP.

Como serviços básicos podem atrair novos parceiros para o ecossistema

O apelo a terceiros também será, sobretudo, impulsionado pela atratividade e pela facilidade de uso proporcionada pelo catálogo de serviços CSP ao usuário final. Isso inclui gerenciamento de identidade, descoberta de serviços, ofertas de valor agregado em torno da prestação de serviços (notificação, aplicação, garantia, faturamento), oportunidade de aprendizado contínuo e feedback do uso. Os parceiros serão fiéis somente se os CSPs puderem acompanhar as melhores práticas da indústria para esses serviços.

Assim, os CSPs, como organizadores de plataforma, podem atrair parceiros, oferecendo-lhes muitos serviços básicos. Através de seus pontos de controle de infraestrutura, eles podem gerenciar as identidades dos usuários finais quando um terceiro quiser oferecer um serviço na plataforma. Devido aos ricos recursos de dados de usuário que criam a partir do estudo do comportamento do usuário, também podem sugerir serviços aos parceiros do ecossistema e adicionar componentes de realização, garantia ou otimização para serviços oferecidos por terceiros. Por fim, também podem fornecer aos parceiros do ecossistema um feedback do usuário.

Enquanto hoje os CSPs recebem seus fluxos de receita principalmente de serviços de assinatura para conectividade do usuário final, no Lar do Futuro, todos esses serviços auxiliares podem criar fluxos de receita adicionais e cada vez mais transformar os CSPs em organizadores de ecossistemas muito lucrativos.

Lições

1 A plataforma multifacetada é a principal razão do sucesso da Amazon, e os CSPs, até agora em silos verticais, precisam captar os benefícios dessas plataformas.

2 A abertura, o controle e o gerenciamento de dados, em vez de infraestrutura, permitirão aos CSPs criar serviços avançados de gerenciamento de dados do Lar do Futuro, que têm maior valor de margem para si mesmos e parceiros confiáveis.

3 Qualquer CSP que permaneça em seu "jardim murado" não deve alimentar nenhuma ilusão: terá que mudar de qualquer modo, de uma maneira ou de outra. Os CSPs precisam se tornar organizadores de ecossistemas abertos, com base em relevância, escalabilidade, experiência e confiança.

8

Criando incentivos para o ecossistema do Lar do Futuro

RESUMO DO CAPÍTULO

....

Para que o Lar do Futuro na era 5G se torne um sucesso junto aos consumidores, é necessária uma reconstrução ambiciosa por parte das indústrias envolvidas. Vários obstáculos para além da fragmentação da tecnologia no lar atrapalham o caminho. Um dos maiores é o persistente armazenamento de dados em silos que precisaria — no interesse de boas experiências do usuário — fluir sem obstáculos entre dispositivos, prestadores de serviços, fabricantes de hardware e desenvolvedores. Enquanto não houver incentivo suficiente para quebrar aqueles silos rigorosamente controlados e fazer com que todos os participantes do ecossistema alimentem um reservatório de dados conjunto — respeitando os direitos de dados de cada contribuinte individual e os direitos de uso atribuídos —, é inútil tentar criar o Lar do Futuro. Uma solução poderia ser criar um órgão central de tratamento de dados controlado por uma iniciativa neutra da indústria.

....

O Lar do Futuro só vai decolar sob certas condições. Uma das mais importantes é que os recursos da casa — dispositivos e serviços conectados de parceiros industriais — devem criar uma experiência de usuário suficientemente rica. Apenas os membros da família permitirão que tais serviços ofereçam suporte às rotinas digitais e casos de uso individualizado conectados ao seu Lar do Futuro.

No cenário atual, vários obstáculos dificultam a realização desse trabalho, embora a entrada de novas tecnologias os reduza substancialmente. A introdução gradual da conectividade 5G, com sua baixa latência e sua alta transmissão de dados, resolverá muitos dos problemas — entre eles a multiplicidade de antigos padrões de rádio, bem como configurações isoladas ponto a ponto para dispositivos domésticos conectados existentes. Assim, o 5G promoverá a evolução dos ecossistemas em torno das soluções do Lar do Futuro, o que ajudará a atingir um nível de excelência de experiência que seja aceito pelos consumidores. Alguns CSPs seguirão os exemplos já mencionados, tais como o Comcast Xfinity e o Telia Smart Family, e colocarão a experiência do cliente e uma mentalidade focada no usuário no centro de suas ofertas, agregando infraestrutura de banda larga ao conteúdo de mídia. O Xfinity, por exemplo, permite aos usuários convidar até seis outros usuários para uma conta, tornando tal oferta atraente para as casas de família. Outros sofrerão transformações completas para se tornarem operadores de plataforma — da maneira como analisamos no capítulo anterior.

Então, o que esses fornecedores terão que fazer para atrair tanto clientes quanto os parceiros necessários para que suas plataformas funcionem?

O Lar do Futuro como multitarefas preventivo

Para desenvolver os componentes necessários para o sucesso de uma plataforma do Lar do Futuro, será útil começar com uma análise do que uma instalação doméstica hiperconectada como essa deve ser capaz de proporcionar. O Lar do Futuro apoiará tanto a família como um todo quanto os usuários individuais em suas rotinas digitais. O equivalente de hoje em dia a um posto de comando centralizado para nosso dia a dia é o smartphone. No futuro, nossa gestão de vida digital se tornará cada vez mais independente dos dispositivos individuais. Em vez disso, o Lar do Futuro nos conduzirá de maneira proativa, tanto em casa quanto fora dela, por meio de serviços discretos, mas preventivos. O Lar do Futuro será centrado no usuário, consciente do contexto, e terá a atribuição de fazer recomendações e gerenciar uma ampla variedade de serviços em nosso nome.

O ideal é que o Lar do Futuro compreenda as necessidades do usuário antes que elas surjam. Ele terá hardware e "cérebro" suficientes para entender quais serviços e dispositivos conectados precisam colaborar e como um resultado desejado para um usuário específico pode ser criado a qualquer momento. Isso é, sem dúvida, um objetivo ambicioso e, para alcançá-lo, o Lar do Futuro precisa ser suficientemente inteligente para entender o contexto mais amplo de ação e pensamento do usuário, para aprender com esses desejos e movimentos humanos e ser capaz de prevê-los e confirmá-los.

Considere quantas transmissões de dados entre dispositivos diferentes seriam necessárias para tornar a seguinte experiência relativamente simples em casa, uma realidade praticável e sem problemas. Um morador do Lar do Futuro precisa chegar ao trabalho a tempo pela manhã — mas acordou mais de meia hora atrasado. O trabalho do Lar do Futuro como um assistente de vida qualificado será conseguir que seu morador chegue ao trabalho a tempo, talvez deixando de lado alguns hábitos da rotina e acelerando outros, ou encontrando alternativas mais rápidas de viagem. As rotinas matinais a serem equilibradas pelo Lar do Futuro incluirão o uso do banheiro, a escolha do traje para o dia, a arrumação da pasta, o café da manhã, o pedido de um táxi, o planejamento da rota mais rápida para o trabalho e um monte de outras tarefas que podem atrasar ou agilizar o tempo de chegada.

Pode-se ver de imediato que o ecossistema do Lar do Futuro precisa resolver com rapidez uma grande quantidade de problemas complexos, conectados e de outra maneira não relacionados para chegar a um resultado que seja realmente útil. Precisa, por exemplo, de um entendimento do que significa "a tempo". É uma hora fixa, ou é a primeira reunião na agenda em um determinado dia? Além disso, o Lar do Futuro precisa entender o calendário. Precisa conhecer as diferentes opções de viagem e como utilizá-las. E, sobretudo, precisa ser capaz de otimizar o fluxo de todas as rotinas da manhã como um conjunto perfeito.

Cinco propriedades para um Lar do Futuro eficiente

Traduzir essa cadeia coordenada de eventos e funções de dispositivos em uma experiência convincente para o usuário é, no mínimo, bastante ambicioso.

Em primeiro lugar, é necessária uma conectividade estável e sem problemas com todos os tipos de dispositivos e serviços. O 5G ajudará a melhorar a conectividade e a descoberta de serviços. Mas os CSPs precisam fornecer todo o catálogo de serviços habilitadores para o Lar do Futuro, como dissemos no final do último capítulo. É importante notar que o Lar do Futuro não apenas conectará dispositivos, mas também serviços e aplicativos web externos existentes, e precisará, além disso, ser capaz de gerenciar interfaces de programação de aplicativos (APIs) e protocolos de comunicação padrão, a partir de uma multiplicidade de serviços, de maneira autônoma.

Em segundo lugar, a plataforma deve ser capaz de elaborar o contexto e os significados da ação e do planejamento do usuário para ser preventiva. Para isso, ela precisará saber quais serviços e dispositivos conectados podem ser úteis na interpretação das intenções e rotinas do usuário. Tal sistema deve ser capaz de pesquisar os recursos de muitos serviços e objetos conectados, e de verificar as informações contextuais disponíveis que também influenciariam suas respostas — tais como informações de tráfego que influenciariam a escolha do modo de viagem. O Lar do Futuro precisará, em suma, ser capaz de realizar buscas semânticas através do universo de coisas que envolvem o usuário.

Terceiro, o Lar do Futuro precisa de IA elaborada e poder de otimização do aprendizado de máquina para tornar as coisas perfeitas. Como destacamos nos Capítulos 5 e 6, o ecossistema do Lar do Futuro já terá aprendido com a experiência a interpretar intenções e ajustar suas recomendações com base em informações contextuais. Isso o ajudará a entender quais rotinas matinais são mais importantes e quais são menos — se o primeiro café é obrigatório e se o resumo do jornal talvez possa ser pulado e transferido para o veículo autônomo para economizar tempo. O Lar do Futuro será capaz de avaliar todas essas opções e cenários e apresentar recomendações. Se o usuário não seguir uma recomendação específica, ele se adaptará e passará para a próxima melhor opção.

Quarto, o Lar do Futuro deve ter autoridade sobre a identificação e a autenticação do usuário, bem como sobre pagamentos de todos os tipos. Como já foi dito, a privacidade e a segurança dos dados devem ser um dos pilares de qualquer estratégia de sucesso do Lar do Futuro, de modo que a plataforma que a impulsiona precisará ter acesso seguro a todos os dispositivos e serviços conectados utilizados na residência. Ela deve ser capaz de identificar e autenticar todos os usuários individualmente usando o conhecimento acumulado ao longo do tempo ou a partir de perfis predefinidos de usuários. Ela deve até mesmo ter autoridade para pagar em seu nome, por exemplo, quando uma geladeira inteligente faz pedidos autônomos de novos produtos lácteos para a semana. Para fazer tudo isso, o Lar do Futuro precisa ter acesso a todas essas fontes de informação, o que exige privacidade de dados, salvaguarda, ética e gerenciamento de segurança inatacáveis. Nenhum dado que o usuário não queira compartilhar deve ser liberado. Isso também significa que os controles de documentação precisam estar em vigor — por exemplo, fornecidos por tecnologias de livro-razão distribuído e de *blockchain* — para que nenhum dado seja utilizado fora do contexto para o qual é necessário.

O quinto desafio que os ecossistemas do Lar do Futuro precisarão dominar está relacionado ao número quatro: dentro de seu ecossistema, um grande número de decisões autônomas sobre acesso e execução de serviços serão tomadas em nome do usuário. Isso só será aceitável se o usuário puder confiar nessas ações do sistema. É preciso ser capaz de definir independentemente o conceito do papel da plataforma, os direitos de acesso e uso, e anular as decisões em qualquer momento.

Como os silos de dados acabam com ecossistemas viáveis e a boa experiência do usuário

O ponto importante aqui continua sendo que todos os dados necessários para lidar com as tarefas e obrigações descritas em nossos cinco pontos estão hoje enterrados em silos. Na situação atual, a plataforma do Lar do Futuro não teria nenhuma chance de acessar nem mesmo a cafeteira, muito menos dar recomendações no telefone celular ou outras telas, ou orientar dispositivos para fazer a coisa certa — tais como ligar para os serviços de transporte compartilhado, abrir uma lista de reprodução de música ou verificar o cronograma de trabalho do dia seguinte. O armazenamento contínuo de dados em silos também significa que não entenderia muito o contexto, pois nunca foi exposto a cenários tão complexos, o que significaria não ser capaz de dar recomendações de ação.

Pior ainda, muitos dos potenciais parceiros do ecossistema que precisam trabalhar juntos para esse cenário pensariam duas vezes se solicitados a comprometer dados fora de seu silo atual. Perguntariam primeiro o que há na plataforma em termos de experiência de usuário monetizável satisfatória, garantida por objetivos comerciais viáveis para eles. Somente com base nisso embarcariam em tais plataformas.

Portanto, não é tanto a tecnologia ou os dados que estão faltando hoje, mas a estrutura comercial e os incentivos que fariam com que as diversas indústrias necessárias se interessassem em contribuir com dados e colaborar. Para oferecer isso, a criação de uma estrutura conjunta que ajude a interoperar e compreender dados diferentes, e que esteja pronta para ser explorada por todos os parceiros do ecossistema, é, portanto, indispensável. Tal estrutura também precisa possibilitar a gestão do acesso e dos direitos do usuário, apoiar a propriedade dos dados e permitir as ferramentas que lidariam com a abstração e a normalização dos dados — tudo em nome de experiências de consumo boas e comercializáveis.

No capítulo anterior, analisamos como os CSPs poderiam evoluir seus modelos de negócios para se tornarem guardiões confiáveis de dados de uso para os usuários e como eles poderiam usar isso para se tornarem os organizadores centrais dos ecossistemas para os Lares do Futuro. Mas nada disso tem qualquer propósito enquanto os dados ainda estiverem presos em silos. Uma infinidade de protocolos de comunicação não conversa uns com os outros. Na configuração padrão, os dispositivos conectados fornecem seus dados a aplicativos exclusivamente conectados a eles. Por consequência, aplicativos recém-desenvolvidos destinados a dar suporte à vida doméstica não podem ser explorados em uma única plataforma de dados uniforme e profunda, provida por todos os dispositivos em toda a casa, e assim reunir insights de uso que serviriam como base a partir da qual novos dispositivos e serviços seriam desenvolvidos e conectados. A maior vítima é a experiência positiva do usuário. Resumindo, se aplicativos e dispositivos não podem conversar uns com os outros, não podem ser verdadeiramente adaptáveis e responsivos às necessidades ou contextos em mudança dos usuários. Todo o cenário da manhã que descrevemos na primeira seção deste capítulo, e muito mais, se torna impossível.

Quebrando silos de dados para a casa: uma breve história

Já houve inúmeras tentativas de quebrar os silos de dados. Na comunidade de código aberto, organizações como a Fundação Eclipse, com o apoio de *players* como os especialistas em engenharia Bosch e

Deutsche Telekom, por exemplo, tentaram criar uma estrutura aberta em torno da plataforma de automação doméstica openHAB e da estrutura Eclipse Smart Home.[1] Mas esse padrão até agora não conseguiu atrair o interesse necessário de um grupo mais amplo de desenvolvedores para alcançar massa crítica e, a partir daí, sucesso. Por quê? Não é uma plataforma e, portanto, destinada ao sucesso? Bem, sim, é uma plataforma, e embora traduza diferentes protocolos de comunicação dos dispositivos em uma estrutura de linguagem comum, ela não transmite e não pode, de fato, transmitir a troca de dados de uso entre os dispositivos — a única base importante e indispensável para ecossistemas organizados do Lar do Futuro e boas experiências de consumo.[2]

Outras iniciativas, como a Alljoyn — apoiada pela Qualcomm, mais alguns nomes da indústria e o consórcio de padronização oneM2M — tentaram unificar padrões e harmonizar classes de objetos conectados.[3] Mais uma vez, é pouco provável que essas iniciativas sejam bem-sucedidas, pois os desenvolvedores web não compreenderão os padrões unificados e terão dificuldade em aproveitar essas estruturas para usar dispositivos conectados como recursos para seus aplicativos.

Então, parece pouco provável, por enquanto, que a cultura de dados em silos desapareça da indústria. Gigantes da internet como a Apple, a Amazon e a Google têm suas próprias estruturas proprietárias e, na Conferência F8 do Facebook em abril de 2019, o Facebook declarou: "O futuro é privado".

Em última instância, o surgimento do Lar do Futuro deve chegar a um ponto em que faça sentido para todas as partes potencialmente envolvidas deixar de se conter e entregar-se a um esforço conjunto que é desencadeado por margens individuais lucrativas. Pode-se esperar que as coisas se movam de maneira lenta, mas segura, nessa direção, pois a oportunidade conjunta multibilionária de agir como uma aliança dentro de uma ampla base de ecossistemas do Lar do Futuro é definitivamente reconhecida como grande demais para ser perdida.

O potencial das plataformas universais de tradução

Além do que descrevemos, há um terceiro caminho que ainda pode render fluxos de dados dominantes, sem obstáculos e omnidirecionais no Lar do Futuro. O World Wide Web Consortium (W3C), a iniciativa padrão global da web, propôs uma definição unificada de objetos conectados como "coisas". Ele divide os recursos de qualquer dispositivo em três elementos: propriedades, ações e eventos. Com essas três categorias, cada dispositivo doméstico pode ser descrito e identificado individualmente. A vantagem de tal "modelo atômico" é que qualquer outro padrão ou estrutura de comunicação pode ser separado nesses elementos básicos e, assim, um "tradutor universal" pode ser construído para desbloquear, harmonizar e filtrar dados de todos os tipos de dispositivos e serviços conectados em casa. Em outro movimento de padronização, a oneM2M apresentou uma lista de requisitos que ajudariam a criar um padrão universal para o Lar do Futuro.[4]

A proposta de valor também é reduzir de modo significativo o custo e o risco de desenvolver e usar aplicações de IoT, protegendo os desenvolvedores da fragmentação da IoT através de um meio de expor gêmeos digitais para coisas como objetos de software locais, e a infinidade de tecnologias e padrões de IoT. Isso é baseado no fornecimento de identificadores universais de recursos (URIs) como identificadores únicos para coisas e metadados importantes, bem como descrições semânticas: por exemplo, que esse é um sensor que informa a temperatura de uma determinada sala.

Embora essas duas iniciativas combinadas talvez tenham tudo o que seja necessário para resolver o problema da disparidade de padrões de dados e protocolos de comunicação, hoje em dia elas estão apenas em uma fase inicial. O problema é que até agora são predominantemente utilizadas em laboratórios de pesquisa em empresas como Huawei, Siemens e algumas startups como a connctd.com. A Siemens é uma líder global em automação doméstica e contribui para iniciativas como a

W3C Web of Things, mas essas iniciativas ainda estão em estágio inicial para cumprir a promessa do Lar do Futuro.[5]

O progresso, no entanto, ainda é limitado. O W3C atraiu, até o momento em que este livro foi escrito, apenas 261 membros individuais para seu modelo. Isso está longe de massa crítica suficiente para quebrar os silos e desbloquear os dados necessários para o Lar do Futuro. Por que a adoção de tais iniciativas é tão lenta? O principal desafio é que existe muita informação sobre os recursos de dispositivos individuais ainda não conectados à internet, mas os desenvolvedores precisariam de exposição a tais informações e precisariam entendê-las para criar aplicativos e algoritmos que aproveitem os dados dos dispositivos. No entanto, essa é uma tarefa enorme, pois precisaria de contribuições de milhares e milhares de tipos individuais de dispositivos e de fabricantes para esse padrão comum.[6]

Outro desafio-chave é que não existem incentivos suficientes para que os grandes proprietários de dados domésticos atuais contribuam com seus tesouros para uma estrutura comum. Se o fizessem, os desenvolvedores do Lar do Futuro teriam acesso aberto para usar dispositivos conectados como fontes de entrada para seus aplicativos — padrão para o modo como as aplicações web são criadas hoje em dia.

O plano universal para as plataformas do Lar do Futuro

Os outros componentes-chave que permitiriam o cenário "atrasado para o trabalho" deste capítulo — e muito mais no Lar do Futuro — são os parceiros da plataforma. No capítulo anterior, detalhamos os diversos parceiros que seriam necessários para formar o ecossistema bem-sucedido do Lar do Futuro: fabricantes de novos dispositivos conectados; parceiros industriais existentes que fornecem produtos e serviços para o lar nas áreas de segurança, aparelhos, saúde e muito mais; a comunidade de desenvolvedores precisaria criar aplicativos novos e estimulantes; e fornecedores de serviços precisariam fazer todo o sistema funcionar e melhorá-lo.

Esses *players* não exigirão apenas dados, mas também estrutura. Felizmente, essa estrutura já existe e, como veremos, também contribuirá para facilitar o compartilhamento de dados. O plano para a convocação de várias indústrias para formar uma plataforma do Lar do Futuro seria como mostrado na Figura 8.1.

Figura 8.1 Lar do Futuro — estrutura de interoperabilidade e seis imperativos orientadores

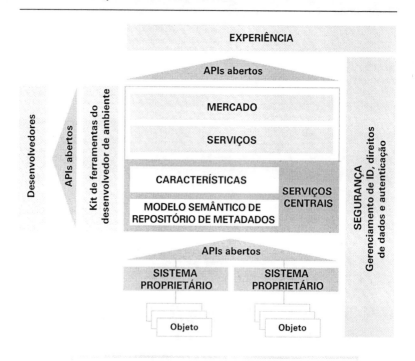

SEIS IMPERATIVOS PARA DESBLOQUEAR O LAR DO FUTURO

1. Reinvente o *front office* digital
2. Reinvente o *back office*
3. Treine e equipe seu talento para o futuro CSP
4. Desenvolvimento impulsionado e rápido de produtos
5. Renove suas plataformas tecnológicas
6. Ative uma camada de conectividade penetrante

No centro da estrutura, haveria um repositório central para metadados e modelagem semântica, garantindo a interoperabilidade entre todos os dispositivos e serviços que formam uma solução de Lar do Futuro. Em torno disso, seria construído um conjunto de características e serviços centrais que permitiria a criação de conectores para fontes de dados existentes. Eles administrariam a aquisição e a normalização de dados, interpretariam e limpariam dados e forneceriam o conjunto de ferramentas e alavancas de gerenciamento corretas para trabalhar com os dados. Os ecossistemas existentes do Lar do Futuro poderiam estar diretamente ligados a esses serviços centrais. Em torno disso, haveria os chamados ambientes de desenvolvimento integrado (IDEs) e interfaces de programação de aplicativos (APIs) como espaços padrão onde os desenvolvedores poderiam encontrar o que precisam para criar aplicativos e serviços. Eles incluiriam, por exemplo, a busca semântica para ajudar a interpretar contextos e interações entre os serviços. Além disso, no cerne da estrutura estaria o sistema de confiança, lidando com segurança, identidades, autenticação, gerenciamento de funções e direitos de acesso e uso.

Os prestadores de serviços de várias indústrias poderiam adicionar suas ofertas a essa plataforma central, e o acesso ao mundo exterior seria organizado por meio de um mercado com APIs abertas como interfaces. Além disso, haveria o sistema de engajamento e a camada de experiência para o usuário final.

Para que os CSPs possam desempenhar um papel fundamental nesse ecossistema do Lar do Futuro, eles mesmos precisam se transformar para se tornarem organizadores de ecossistemas eficientes — ao longo dos seis princípios para destravar o valor que já estabelecemos no Capítulo 6, e como ilustrado na Figura 8.1.

Por que o núcleo da plataforma deve estar aberto a todos

Todas as funções descritas na estrutura de interoperabilidade poderiam ser realizadas por diferentes partes comerciais. A exceção deveria ser a plataforma de dados dos serviços centrais, que poderia funcionar de acordo com as plataformas existentes utilizadas em finanças para transações de pagamento internacionais e interinstitucionais. Tal plataforma poderia ser organizada de maneira coletiva e financiada por seus usuários, sendo ao mesmo tempo escalável e oferecendo aos parceiros acesso universal garantido. É um bom modelo porque, para uma plataforma do Lar do Futuro, a propriedade e a gestão por CSPs individuais ou outros parceiros do ecossistema não proporcionariam neutralidade suficiente. Em vez disso, diferentes configurações poderiam ser usadas, como colocar a plataforma sob a égide de um consórcio industrial, uma fundação de código aberto ou uma organização independente como o W3C ou a associação industrial global TM Forum.

A questão é que se mostra necessário que a plataforma não apenas seja neutra, mas tenha os incentivos certos para aumentar seu alcance, expandir o número de participantes e aumentar o apelo para a comunidade desenvolvedora. Embora a maioria dessas instituições neutras hoje em dia se concentre no estabelecimento de padrões ou na criação de estruturas para o alinhamento das melhores práticas, elas precisariam se transformar em verdadeiros operadores da plataforma principal, executando software para todo o ecossistema.

A plataforma precisa gerenciar os interesses dos fabricantes de hardware contribuintes e outros parceiros do setor para que eles vejam valor em contribuir com seus arsenais de dados anteriormente armazenados em silos. Portanto, é preciso haver um estatuto para uso de dados no Lar do Futuro que assegure os interesses de todas as partes que contribuem com os dados. Ele funcionaria como o livro de regras comum, fornecendo definição de propriedade de dados, padrão de verificação para o uso e persistência de dados, padrão para o gerenciamento da privacidade e segurança, estrutura para gerenciar papéis, direitos de acesso e uso e, sobretudo, estrutura para a monetização conjunta de dados, hardware e serviços.

Construa-o e eles virão

Do ponto de vista tecnológico, a plataforma principal pode ser construída a partir de componentes padrão que já existem. Todo dispositivo doméstico que os consumidores usam hoje — telas, dispositivos de regulação de ambiente doméstico, dispositivos ativados por voz e muitos mais no futuro — seria capaz de fornecer a camada de experiência. Do mesmo modo, as ferramentas abertas de gerenciamento de API, componentes para organização de processos comerciais, fluxos de autenticação, gerenciamento de políticas e de segurança podem ser construídas com base em tecnologias padrão.

No entanto, algumas tecnologias dentro dessa arquitetura de plataforma não permanecerão estáticas, mas, por definição, serão muito vivas e mutáveis. Sistemas de regras, por exemplo, ou algoritmos de aprendizado de IA, cognitivo e de máquina, estão em constante evolução, assim como outras características como gerenciamento do ciclo de vida, soluções de monetização e faturamento, ou ferramentas de apoio à modelagem analítica. Outro elemento que evoluirá é a plataforma central de dados semânticos, que será obrigada a crescer, pois terá que entender cada vez mais informações conforme forem contribuindo para o "tradutor universal" ao longo do tempo.

Será necessário um esforço conjunto para atrair a comunidade de desenvolvedores e fazê-los usar o que é oferecido para a cristalização de novos aplicativos e serviços. Os CSPs devem, portanto, investir proativamente na criação de incentivos para que os parceiros do ecossistema comecem a colaborar, bem como dar o pontapé inicial na criação de startups e empreendimentos em torno do Lar do Futuro.

Como os CSPs podem conduzir o caminho para o Lar do Futuro

O Lar do Futuro funcionará, como já dissemos, porque será construído sobre confiança, segurança, ética e confiabilidade. Ele criará uma experiência de usuário excepcional todos os dias, reforçando o sentido de ser um companheiro de confiança no dia a dia.

Os CSPs liderarão o caminho, desde que resolvam a complicada equação de casar seu papel tradicional com o de uma plataforma de negócios moderna. Eles precisam transformar seu próprio conjunto de tecnologia, transformando suas tecnologias tradicionais de gestão de relacionamento com o cliente em uma arquitetura de TI estritamente centrada no usuário, desacoplando a rede, realizando o conceito de uma rede difundida e adotando novas formas de trabalho, bem como desenvolvendo novas habilidades e novos recursos.

Por fim, os diferentes CSPs que entrarem nesse mercado, embora mantendo os clientes atuais, precisarão colaborar em uma estrutura de dados global para o Lar do Futuro. Tal estrutura deve ser uma em que os desenvolvedores se sintam capazes de acessar e escalar a interoperabilidade dos dispositivos e serviços do Lar do Futuro. Se os CSPs ficarem aquém disso, eles também não conseguirão atrair poder criativo suficiente para interessar os usuários — e mantê-los interessados — no Lar do Futuro.

Lições

1 O armazenamento de dados em silos significa que a vida doméstica em contexto não pode ser totalmente compreendida, uma vez que o aprendizado, a adaptação e a antecipação de sistemas estão excluídos — e, com eles, a boa experiência do usuário.

2 A criação de um reservatório de dados conjunto pronto para ser explorado por todos os parceiros do ecossistema é indispensável para serviços domésticos personalizados e atraentes.

3 A plataforma central de interoperabilidade que pode superar o silêncio de dados de hoje entre os dispositivos do Lar do Futuro deve ser de responsabilidade de um órgão que abranja a indústria, e não de um agente comercial.

9

O caminho para o Lar do Futuro

RESUMO DO CAPÍTULO

Neste livro, mapeamos um terreno de mudança de paradigma, no qual o Lar do Futuro aprenderá, se adaptará e se anteciparás às nossas necessidades. Ele não será mais definido por paredes, pisos e telhado. Em vez disso, o Lar do Futuro fará você se sentir em casa em qualquer lugar. Isso nos promete uma vasta gama de novas oportunidades e experiências. Fornecemos vislumbres de como algumas delas parecerão na prática e detalhamos o conjunto de novas tecnologias, com o 5G no centro, que tornarão isso possível. Discutimos as novas estruturas que as empresas terão que adotar para aproveitar essa enorme oportunidade e identificamos os fornecedores de serviços de comunicação (CSPs) como os mais bem posicionados para executar as plataformas de suporte a dispositivos e serviços para o Lar do Futuro. Neste último capítulo, refletimos sobre essa jornada, resumindo-a para criar um guia para as empresas que estão entrando no mercado do Lar do Futuro e aguardando ansiosamente o futuro empolgante e muito lucrativo que elas podem esperar.

Como deve estar claro agora, o Lar do Futuro 5G habilitado digitalmente é muito mais do que apenas o próximo passo a partir das casas conectadas de hoje. Ele nasce de ecossistemas sofisticados, oferecendo aos moradores serviços cotidianos de alta qualidade e, nesse sentido, representa uma nova e enorme oportunidade de negócios e crescimento para uma ampla variedade de produtos de hardware, plataformas e serviços.

O novo mundo já está tomando forma. Enquanto as casas atualmente conectadas são auxiliadas por um número limitado de dispositivos, a maioria dos quais quase não se comunica entre si, o Lar do Futuro conterá centenas, senão milhares de dispositivos, aplicativos e serviços, praticamente todos capazes de compartilhar dados e colaborar, com o objetivo comum de uma excelente experiência do consumidor. Esse ambiente sem descontinuidades será capaz de acompanhar os moradores mesmo quando eles deixarem o espaço físico de casa, antecipando suas necessidades e facilitando suas rotinas em todos os lugares.

O padrão sem fio 5G será o grande impulsionador desse novo ambiente doméstico ativamente atento, complementado por um conjunto de outras novas tecnologias. O formato SIM incorporado garantirá que mesmo os menores dispositivos possam comunicar dados. O edge computing permitirá o processamento de dados com latência ultrabaixa. A interoperabilidade semântica tornará possível que dispositivos e serviços conectados interajam entre si e tornará fácil para os desenvolvedores web resolverem problemas reais dos consumidores. E a aprendizagem de máquinas, a IA e a análise avançada de dados permitirão o "pensar" e a ação preventiva avançada do Lar do Futuro.

Mas, no cerne de tudo isso, estarão as necessidades do consumidor. Para pagar um bom dinheiro por ele, o potencial morador do Lar do Futuro deve vê-lo como algo que especificamente melhore sua vida, que não seja apenas uma solução pronta, igual para todos. Essa centralidade do usuário deve ser a diretriz estrita para qualquer empresa que participe dos ecossistemas do Lar do Futuro. O conceito só pode decolar quando se oferece qualidade duradoura e a confiança do consumidor é mantida durante todo o tempo.

A vida intimamente entrelaçada com a tecnologia

No início do livro, vimos um exemplo de como isso funcionaria já em 2030, seguindo um único homem por um dia em sua vida com o Lar do Futuro na era 5G. Desde o momento em que despertou, durante suas refeições, viagens de ida e volta, dia de trabalho e tempo de lazer, foi auxiliado por versões conectadas, às vezes robotizadas ou automatizadas, de inúmeros objetos domésticos comuns, como janelas, cortinas, aspirador de pó, termostatos, a cafeteira e muito mais.

Vimos como esses dispositivos foram capazes de colaborar e como a própria casa se adaptou às circunstâncias em mudança. Ela sugeriu um meio de transporte alternativo para o deslocamento para o trabalho quando os meios habituais se tornaram indisponíveis — e depois ajustou sutilmente a dieta do homem para compensar o esforço extra envolvido. E vimos como o lar transcendeu os limites físicos, fazendo com que até mesmo uma situação de uso de estações de trabalho rotativas transmitisse uma sensação pessoal e familiar, permitindo depois, via realidade virtual, uma intensa sessão de ligação emocional com a mãe do homem, embora ela estivesse geograficamente distante.

As megatendências sociodemográficas modelando estilos de vida hiperconectados

Com base nisso, analisamos os fatores sociodemográficos que nos levam em direção ao Lar do Futuro. Foram identificadas megatendências que modelam estilos de vida hiperconectados. Elas incluem o modo como a vida diária já está se tornando cada vez mais personalizada e conectada pela tecnologia, e como as gerações mais jovens, millennials e geração Z, que cresceram cercadas por essa tecnologia, moldarão o desenvolvimento do Lar do Futuro.

A predileção dessas gerações significará, em particular, que os Lares do Futuro estejam orientados muito mais para o "faça para mim" (DIFM) do que para o "faça você mesmo" (DIY). Os consumidores vão querer configurações tecnológicas fáceis nas quais novos dispositivos e aplicativos possam ser conectados e reproduzidos em segundos. Ao mesmo tempo, outra influência profunda, mas na direção oposta, será a da maioria da população envelhecida, criando uma enorme demanda por serviços como a saúde digital domiciliar.

Na mesma perspectiva, identificamos as principais mentalidades dos consumidores, definidas como combinações de "Arrebatadores", "Acolhedores", "Navegadores" e "Exploradores", com definição adicional dada por "com crianças" e "sem crianças". As empresas devem estudar tais mentalidades de perto e vir a compreender melhor indivíduos consumidores do Lar do Futuro, analisando seu comportamento. Eles não devem tentar liderar os consumidores com tecnologia, mas, em vez disso, fornecer conjuntos de tecnologia para estilos de vida individuais, e então estar prontos para se adaptar repetidamente à medida que novas necessidades e predileções surgirem.

A grande variedade de casos de uso específico

Com base nessas categorizações, passamos a olhar para um exemplo de vida familiar, mostrando como o Lar do Futuro, com tecnologia *plug--and-play* fácil, pode ajudar no cuidado das crianças, conhecer e responder a cada membro da família individualmente e promover a união.

Em seguida, olhamos para um exemplo de "envelhecimento no local" — uma idosa com função comprometida sendo capaz de permanecer em casa em vez de se mudar para uma casa de cuidados. Isso mostrou como um lar comum poderia se tornar um Lar do Futuro, com a introdução de uma grande diversidade de tecnologias inteligentes, interoperáveis e intercomunicantes para fornecer os cuidados específicos necessários, e também como um Lar do Futuro muitas vezes precisará se comunicar com outro, com a idosa em questão monitorada remotamente da casa dos membros da família que vivem longe.

Fragmentação: A barreira para o desenvolvimento do Lar do Futuro

Para permitir às empresas traçar sua jornada em direção aos sofisticados cenários do Lar do Futuro que descrevemos, examinamos a questão do que atrasou o progresso até agora. Em resumo, as tentativas de casas conectadas têm sido, até agora, prejudicadas pela fragmentação: uma mistura de diferentes padrões de hardware e software, arquiteturas ponto a ponto, protocolos e padrões de rádio, bem como o armazenamento pesado de dados em silos.

Estudamos os vários *players* empresariais que serão fundamentais para o Lar do Futuro — fornecedores de serviços de comunicação (CSPs), fabricantes de dispositivos e hardware, fornecedores de plataformas e aplicativos e empresas de serviços tradicionais — e como todos falharam, até agora, em superar os obstáculos críticos, em grande parte porque agiram independentemente em vez de forjar as parcerias críticas sem conflitos dentro de plataformas de ecossistemas poderosos.

Sua intransigência ou sua mera falta de consciência da necessidade de mudança e colaboração criaram o silêncio de dados generalizado. Assim, os dispositivos e serviços, até agora, não têm sido capazes de se comunicar e de compartilhar dados livremente, tornando impossível fornecer o tipo de experiência de usuário sem descontinuidades e de vida doméstica hiperconectada que descrevemos em nosso cenário inicial.

5G: O divisor de águas da conectividade

Que diferença o 5G, a mais nova geração de tecnologia celular, fará? Bem, é um salto quântico de sua antecessora, oferecendo velocidades muito maiores, menor latência, mais segurança e, sobretudo, a capacidade de lidar com dez vezes mais dispositivos de uma só vez — cerca de um milhão de dispositivos por quilômetro quadrado —, vital no Lar do Futuro rico em dispositivos. Essas vantagens por si só deixam claro o quanto essa tecnologia revolucionária representa uma enorme oportunidade de negócios. Ele atende às demandas dos consumidores por uma conexão *plug-and-play* fácil, pois, ao contrário do Wi-Fi e de outros protocolos, os dispositivos podem se conectar a ele automaticamente — assim como hoje em dia seu telefone se conecta à sua rede celular. Isso, enfim, estabelecerá a interoperabilidade e anulará a confusão de dispositivos, dados e padrões de conectividade inconsistentes nos lares conectados hoje — abrindo a porta para um espectro infinito de possíveis serviços domésticos pagos e de alta qualidade.

A necessidade de construir a confiança do consumidor através das melhores segurança, privacidade e ética possíveis

Mas, para as empresas que estão de olho no crescente mercado do Lar do Futuro, os desafios só estão começando. Um paradoxo do Lar do Futuro é que os dados devem fluir livremente entre vários *players*, porém também devem ser mantidos seguros e privados. Relacionado a isso, a IA do Lar do Futuro deve ser capaz de aprender nosso comportamento, mas não usar as informações de maneira inadequada ou agir contra nós.

Argumentamos que os organizadores de ecossistemas do Lar do Futuro devem, portanto, assegurar que os dados que fluem tão livremente em sua área de responsabilidade também sejam contidos com segurança dentro dela e não sejam mal utilizados por humanos ou máquinas. Argumentamos também que os CSPs, devido ao seu status de longo prazo como fornecedores confiáveis de segurança impenetrável para a conectividade doméstica, são empresas fortes candidatas a serem esses organizadores: administradores de plataforma para o Lar do Futuro.

Futuros organizadores e guardiões: CSPs reformulados

Além da confiança do consumidor a longo prazo que acabamos de descrever, dois outros fatores também colocam os CSPs em vantagem para serem os organizadores da plataforma do Lar do Futuro: a experiência de manter boas relações com os clientes e a capacidade de fornecer infraestrutura de missão crítica. A mudança na estrutura do negócio e na cadeia de valor que isso exigirá será uma transformação radical que alterará as próprias estrutura e cultura desses negócios: de hierárquicos para horizontais, de lineares para ágeis.

Isso implicará a renovação da plataforma tecnológica do negócio, e tanto o *front* quanto o *back office* incorporando efetivamente ferramentas de software com os mesmos níveis de sofisticação das que definirão o Lar do Futuro. O pessoal deve ser treinado nas habilidades radicalmente novas que precisarão para operar nesse novo mundo. O desenvolvimento rápido de produtos deve ser iniciado a fim de acompanhar as demandas em constante mudança dos usuários do Lar do Futuro. E, é claro, tudo isso precisará ser unido usando uma nova camada de conectividade penetrante, alimentada por — o que mais? — 5G.

Uma mudança necessária no modelo de negócios

Essa mudança drástica requer uma mudança considerável na estratégia, afastando-se dos modelos comerciais antigos em direção a novas linhas de negócios, enquanto as principais operações estabelecidas são mantidas em uma base digitalmente otimizada.

Primeiro, o negócio central existente deve ser reposicionado com a ajuda da tecnologia digital, sendo o principal objetivo reduzir os custos e liberar a capacidade de investimento. Isso permite que a organização como um todo se aventure em novas linhas de negócios, tais como o mercado de serviços emergente em torno do Lar do Futuro.

Em segundo lugar, o impulso para essas novas oportunidades de negócios deve ser conduzido com cautela. O núcleo da organização não pode se permitir um deslize; ela deve continuar crescendo para estabilizar o negócio — mais ainda, pois muitas vezes leva mais tempo do que o inicialmente pensado até que novos modelos de negócios produzam resultados econômicos positivos.

Em terceiro lugar, aventurar-se no novo mercado do Lar do Futuro envolverá uma mudança de paradigma de "acertar de primeira" para "falhar rapidamente e aprender". Envolverá uma pequena tentativa e erro, para testar e refazer. Encontrar a configuração correta e lucrativa em uma estrutura prolongada como um ecossistema do Lar do Futuro não acontece da noite para o dia. Mas, uma vez que uma abordagem específica mostra resultados iniciais lucrativos, ela deve ser escalonada rapidamente. Os serviços do Lar do Futuro são serviços para o usuário final. Alguns deles podem entrar e sair de moda com os consumidores a um ritmo regular. Portanto, é aconselhável aproveitá-los ao máximo enquanto duram. A regra geral deveria ser, portanto, identificar os pontos de entrada certos no mercado do Lar do Futuro e depois escalonar rapidamente.

Nessa jornada, os CSPs começarão a operar plataformas multifacetadas e desempenharão um papel central de organizadores no centro dos ecossistemas do Lar do Futuro, em vez de serem apenas integradores de infraestrutura monolítica como nos velhos tempos. Assim, eles mudarão investimentos de rede física para software, baseando seu paradigma de inovação em um ecossistema parceiro e mudando as habilidades e capacidades de sua força de trabalho, não apenas em TI e tecnologia, porém ainda mais em seus departamentos tradicionais de vendas, serviços e marketing.

Atraindo parceiros para atrair consumidores

Essa é a situação para os organizadores da plataforma do Lar do Futuro. E quanto aos outros stakeholders, os parceiros do ecossistema que fornecerão os dispositivos e os serviços sem os quais será impossível atrair os consumidores? Como já deve estar claro, as oportunidades de prestação de serviços para o Lar do Futuro são vastas e diversificadas, variando entre disciplinas e setores, como gestão de energia, saúde, entretenimento, comércio eletrônico, finanças, saúde, fitness, educação, comunicações e muito mais. Também serão vitais especialistas mais técnicos em áreas como edge computing e IA.

Também deve ficar claro, pelo simples número de requisitos, que os CSPs não poderão continuar seu antigo modelo de apenas criar e comercializar seus próprios serviços como complementos para suas ofertas de comunicação e conectividade. Essa é outra razão pela qual faz sentido que eles se tornem plataformas, organizando o ecossistema cada vez mais vasto de provedores especializados. Aqui, os desbravadores são os fornecedores de assistentes de voz digital, como a Alexa da Amazon.

Para gerenciar tudo isso, a plataforma precisará ser projetada para coletar dados de todos os pontos de controle no ecossistema — dispositivos e serviços como telefonia, nuvem, pagamento e serviços de mensagens, entre outros. Tal coleta de dados será vital para a criação das experiências de usuário personalizadas e inteligentes que examinamos neste livro. Mas também só pode ser justificada para os usuários se essa experiência for consistentemente excelente.

Quebrar silos de dados para beneficiar tanto os usuários quanto os *players* do ecossistema

Será um desafio considerável atrair e organizar todos os parceiros de ecossistema necessários. A chave para isso será fazê-los sair do persistente armazenamento de dados em silos que os impede de criar dispositivos e serviços que possam se comunicar livremente. Sem esse livre compartilhamento de informação, é claro, o Lar do Futuro mostra-se uma impossibilidade, pois o ecossistema como um todo será incapaz de aprender, adaptar-se e antecipar as necessidades dos usuários.

Tenha em mente, também, que um livre fluxo de informações não será necessário apenas dentro dos Lares do Futuro individuais, mas entre dois ou mais. E o Lar do Futuro também precisará ser capaz de se comunicar com os numerosos serviços fora dele que os ocupantes desejarão acessar — especialmente se quiserem se sentir em casa em todos os lugares.

A solução deve ser a criação de um reservatório de dados conjunto que possa ser explorado por todas as organizações relevantes. Para superar a hesitação dos participantes no compartilhamento de dados, terminamos recomendando a criação de uma plataforma central de interoperabilidade administrada por um órgão neutro que abranja toda a indústria.

CSPs na encruzilhada

O Lar do Futuro é uma oportunidade como poucas outras. A tarefa de transição para ele é enorme, mas os CSPs que optam por não disparar na frente como organizadores de plataforma não devem alimentar ilusões: se não liderarem, terão que seguir. A mudança de paradigma está acontecendo com ou sem eles. A aparente segurança de seus modelos de integração vertical não é um lugar onde poderão ficar, mesmo se quiserem.

Mas o Lar do Futuro não é apenas uma montanha que não pode ser evitada. É também uma oportunidade boa demais para ser perdida. Ao fornecer uma tecnologia sem descontinuidades como o 5G, ao remover barreiras de interoperabilidade e ao se tornarem os parceiros confiáveis dos consumidores, os CSPs liberarão o potencial de crescimento e inovação para todos os participantes no ecossistema do Lar do Futuro. A pesquisa da Accenture Strategy sobre a relação entre confiança e desempenho financeiro mostra que, no setor de telecomunicações, um aumento *material* na confiança está relacionado a um crescimento de 0,3 por cento na receita e de um por cento no EBITDA.[1]

Com base nessa confiança, os CSPs podem atuar como guia, consultor e parceiro durante a jornada de transformação digital de seus clientes, conduzida pelo 5G. Ao criar em conjunto, com sucesso, soluções completas de *carrier-grade* e serviços adicionais, eles criam ainda mais confiança no relacionamento com os clientes. Os CSPs, com a coragem e a visão para fazer a transição de seus antigos modelos de negócios para a nova posição de organizadores de plataforma do Lar do Futuro, aumentarão suas oportunidades de monetizar serviços em uma extensão enorme. Beneficiando-se dos efeitos de rede, eles lucrarão com aplicativos e serviços sem sequer ter que participar do seu desenvolvimento. E eles se tornarão os gestores de quantidades quase incalculáveis do ativo mais valioso de nosso tempo: os dados.

RESUMO DAS LIÇÕES

Capítulo 2: As necessidades dos consumidores em um mundo hiperconectado

1 Megatendências, como o surgimento de estilos de vida hiperconectados, o conhecimento tecnológico das gerações mais jovens, o envelhecimento no local e uma atitude de "faça para mim" definirão as variações do mercado do Lar do Futuro.

2 As mentalidades específicas de todos os tipos de usuários do Lar do Futuro podem ser identificadas como uma mistura distinta entre "Arrebatadores", "Acolhedores", "Exploradores" e "Navegadores".

3 As empresas que atendem o mercado do Lar do Futuro devem considerar tipos sociodemográficos como ponto de partida para soluções tecnológicas — e não o contrário.

Capítulo 3: De casos de uso a casos de negócios

1 A vida moderna é ocupada e, portanto, as pessoas estão ansiosas para automatizar tarefas corriqueiras, resolver questões atuais e prever riscos futuros. Para corresponder a essas exigências, a tecnologia doméstica deve ser adaptada às necessidades reais dos moradores para ser eficaz.

2 Conveniência e funcionalidade *plug-and-play* sem complicações criam uma experiência ideal para o usuário.

3 Aplicada com ponderação, a tecnologia pode unir as pessoas em casa em vez de torná-las "sozinhas juntas".

4 Os casos de uso do Lar do Futuro também podem aliviar a pressão sobre a sociedade: com o envelhecimento no local no Lar do Futuro, por exemplo.

Capítulo 4: Transformando casas em Lares do Futuro 5G

1 As casas conectadas de hoje abrigam uma infinidade de dispositivos, protocolos e padrões de rádio incoerentes que podem ser consolidados de uma só vez pelo 5G.

2 O 5G e seu espectro segmentado são ideais para criar e permitir novas aplicações no Lar do Futuro, pois podem equilibrar velocidade, baixa latência e número de dispositivos conectados.

3 Mas o 5G precisa de tecnologias complementares, como eSIM, edge computing e IA para atingir seu potencial máximo de experiência.

Capítulo 5: Privacidade e segurança: dois desafios distintos do Lar do Futuro 5G

1 Nos níveis tecnológicos atuais, um indivíduo mal-intencionado que queira ter acesso às casas atualmente conectadas tem uma grande chance de sucesso.

2 A indústria e os usuários do Lar do Futuro precisam ter uma posição clara sobre os padrões para garantir o armazenamento e o gerenciamento de dados pessoais, com os usuários tendo controle em primeira mão.

3 Os CSPs têm um papel importante a desempenhar, sendo uma vantagem a confiança estabelecida do consumidor e um histórico até agora muito alto de privacidade e segurança de dados.

Capítulo 6: A ascensão do construtor de ecossistemas vivos conectados

1 As empresas de CSP desfrutam de uma vantagem na corrida pelo Lar do Futuro, pois combinam alta confiança do consumidor com estreito relacionamento com o cliente e a condição de guardião da infraestrutura de conectividade.

2 Mas o setor de CSP precisa renovar sua abordagem, digitalizar seus *front* e *back offices*, treinar talentos para o novo mundo de serviços e adotar ciclos mais rápidos de desenvolvimento de produtos.

3 É primordial para os CSPs construir negócios de plataformas ágeis que possam acomodar ecossistemas envolvendo uma ampla gama de parceiros.

Capítulo 7: Modelos de negócios emergentes para o Lar do Futuro

1 A plataforma multifacetada é a principal razão do sucesso da Amazon, e os CSPs, até agora em silos verticais, precisam captar os benefícios dessas plataformas.

2 A abertura, o controle e o gerenciamento de dados, em vez de infraestrutura, permitirão aos CSPs criar serviços avançados de gerenciamento de dados do Lar do Futuro, que têm maior valor de margem para si mesmos e parceiros confiáveis.

3 Qualquer CSP que permaneça em seu "jardim murado" não deve alimentar nenhuma ilusão: terá que mudar de qualquer modo, de uma maneira ou de outra. Os CSPs precisam se tornar organizadores de ecossistemas abertos, com base em relevância, escalabilidade, experiência e confiança.

Capítulo 8: Criando incentivos para o ecossistema do Lar do Futuro

1 O armazenamento de dados em silos significa que a vida doméstica em contexto não pode ser totalmente compreendida, uma vez que o aprendizado, a adaptação e a antecipação de sistemas estão excluídos — e, com eles, a boa experiência do usuário.

2 A criação de um reservatório de dados conjunto pronto para ser explorado por todos os parceiros do ecossistema é indispensável para serviços domésticos personalizados e atraentes.

3 A plataforma central de interoperabilidade que pode superar o silêncio de dados de hoje entre os dispositivos do Lar do Futuro deve ser de responsabilidade de um órgão que abranja a indústria, e não de um agente comercial.

GLOSSÁRIO DE TERMOS

Análises avançadas: Conjunto de ferramentas analíticas de dados suficientemente sofisticadas para encontrar padrões ocultos e prever comportamentos e tendências a partir de dados de uso ou outros conjuntos de dados. A capacidade de extrair e limpar dados para uso por ferramentas analíticas avançadas é essencial para que as técnicas sejam bem-sucedidas. Na verdade um conjunto de recursos, a análise avançada inclui aprendizagem de máquina, análise semântica, correspondência de padrões e vários métodos estatísticos e de simulação, entre outros.

Arrebatadores e Acolhedores: Duas mentalidades de usuário doméstico, resumidamente descritas como personas pela Accenture, que definem extremos de personalidade aplicáveis ao mercado do Lar do Futuro. Enquanto o tipo Arrebatador, mais extrovertido, vê a casa como uma oportunidade de refletir sua "marca" pessoal, o tipo Acolhedor, mais discreto e introspectivo, valoriza a privacidade e o conforto em casa. Ambas as personas precisam ser consideradas quando os serviços ou dispositivos do Lar do Futuro forem projetados.

Back office: Dentro do contexto de um CSP, esse termo compreende uma função central que opera a rede, apoiando os serviços oferecidos aos clientes finais. Na configuração tradicional de um provedor de telecomunicações, essa tem sido uma unidade fortemente baseada em silos. Dentro do modelo de operação emergente de redes difundidas, típico para o setor, o *back office* de um CSP deve adotar princípios ágeis e tornar-se responsivo às demandas do cliente final e às tendências de serviços instantâneos que se formam nos mercados consumidores.

Bluetooth: Padrão de comunicação de rádio sem fio de ondas curtas para conexões de rede a pequenas distâncias. O principal objetivo de seus desenvolvedores era substituir cabos entre dispositivos eletrônicos, como um laptop e um fone de ouvido. Em ambientes domésticos conectados ou mesmo em ambientes residenciais futuros, o bluetooth está em desvantagem como tecnologia de rede para conectar dispositivos técnicos domésticos devido a seu curto alcance de comunicação de dados.

Computação em nuvem: Arquitetura de tratamento de dados que envia dados na "nuvem" para fazendas de servidores centralizados e remotos e armazéns de dados para processamento, análise e armazenamento posterior, em vez de manter os dados perto de onde foram criados, em servidores locais ou em discos rígidos de PC. A computação em nuvem tem suas vantagens, pois os serviços profissionais de nuvem oferecem backup de dados adequado, gerenciamento de segurança, limpeza de dados e ferramentas analíticas. Mas a tecnologia também tem limites quando se trata do Lar do Futuro, onde os residentes esperarão serviços com latência ultrabaixa, ricos em experiência, e os atrasos muitas vezes associados às soluções em nuvem impedem uma boa experiência para o usuário.

Conjunto de tecnologia para o Lar do Futuro: Conjunto avançado de tecnologias que garantem o máximo de experiência do consumidor em casa. As tecnologias 5G e complementares, como eSIM, edge computing e IA podem ser configuradas coletivamente para proporcionar a melhor experiência de usuário e melhoria de vida em um Lar do Futuro.

Conjunto de tecnologias domésticas conectadas: A casa conectada de hoje é composta de conjuntos de tecnologia que compreendem componentes quase sem comunicação de dados entre eles, porque os tipos de dispositivos, formatos de dados e protocolos estão longe de ser padronizados em toda a indústria. Os dispositivos de tecnologia doméstica também são com frequência projetados para servir a apenas um único propósito de serviço, sem o envolvimento de outros dispositivos. Dispositivos como termostatos e campainhas inteligentes e sistemas de iluminação funcionam nos dias de hoje como soluções isoladas, sem interface com qualquer outra tecnologia. No Lar do Futuro, a fim de realmente antecipar e atender às necessidades dos usuários de modo inteligente, os dispositivos precisarão compartilhar dados e colaborar.

CSP (sigla em inglês): Acrônimo utilizado no setor que significa "provedor de serviços de comunicações". O CSPs são um grupo de empresas que inclui operadores tradicionais de telecomunicações ativos em telefonia fixa e móvel, bem como operadores de redes de cabo e satélite e provedores de serviços gerenciados. Este livro vê os CSPs como os concorrentes ideais para capturar o papel de guardião e organizador dentro dos ecossistemas emergentes do Lar do Futuro.

DIFM (sigla em inglês): As quatro letras se referem a "Do It For Me" (faça por mim), uma mentalidade contrastada com o "DIY" (faça você mesmo), descrevendo um consumidor que exige soluções técnicas caseiras sob medida que funcionam "saindo da caixa", sem preparações de configuração adicional ou cabeamento complicado. A mentalidade DIFM está principalmente associada às gerações mais jovens que nasceram na era digital. Essa faixa etária está acostumada a tecnologias autoativadas de fácil instalação. O mercado do Lar do Futuro só poderá prosperar quando os fornecedores de tecnologia adotarem essa mentalidade e projetarem seus produtos, serviços e interação com o cliente de acordo com ela.

Dispositivos controlados por voz: Itens de hardware que podem, devido a um avançado software de reconhecimento de voz, detectar e entender idiomas semanticamente e responder a perguntas de voz humana. Vários alto-falantes assistentes já usam reconhecimento avançado de voz, embora a tecnologia também seja promissora como interface do usuário no contexto dos serviços do Lar do Futuro.

DIY (sigla em inglês): "Faça você mesmo". No contexto deste livro, descreve a versão atual, relativamente abaixo do padrão de uma casa digitalizada, na qual o residente deve realizar processos de configuração detalhados e complexos para colocar em funcionamento a tecnologia da casa.

Ecossistema: No contexto deste livro, os ecossistemas são alianças e parcerias personalizadas de um amplo espectro de empresas — desde CSPs a fabricantes de dispositivos e desenvolvedores de aplicativos — com o objetivo de fornecer um serviço específico para o Lar do Futuro. Cada participante dessas redes se beneficia do aumento combinatório de sua contribuição, o que resulta não apenas em novas linhas de negócios lucrativas para os parceiros do ecossistema, mas também em níveis de serviço sem precedentes para o consumidor.

Edge computing: Nova abordagem para descentralizar a capacidade de processamento de dados, posicionando uma unidade processadora como um servidor bem na "borda" de uma rede — evitando fluxos de dados de longa distância para servidores em nuvem centralizados em um armazém de dados distante. Tem uma vantagem-chave no contexto do Lar do Futuro: velocidade. Os dispositivos de tecnologia doméstica, muitas vezes com suas próprias unidades de edge computing, podem se comunicar a curta distância à velocidade da luz, oferecendo serviço instantâneo, quase sem latência — o que torna o conceito o complemento ideal para a rede 5G, já de baixa latência.

Efeitos de plataforma multifaces: As plataformas digitais, se estabelecidas com habilidade em um mercado específico, produzem efeitos econômicos benéficos para todos. Por um lado, os organizadores de uma plataforma se beneficiam dos dados coletados pela plataforma. Por outro, os usuários finais desfrutam de melhoria, precisão e personalização dos serviços fornecidos. Esses benefícios mútuos para todos fazem com que os negócios da plataforma cresçam exponencialmente em comparação com os negócios convencionais. Bons exemplos para o estudo desses efeitos são as plataformas de compras on-line da Amazon ou de transporte da Uber.

"Em casa em qualquer lugar": Onde as casas conectadas de primeira geração eram pouco mais que paredes e um telhado contendo alguma tecnologia doméstica digital rudimentar, o conceito do Lar do Futuro expande a noção de casa para "em casa em qualquer lugar". Em tal cenário, uma casa, servindo como um centro de apoio para estilos de vida hiperconectados e possibilitados pela inteligência artificial (IA), análise avançada de dados e outras tecnologias, expande seus serviços para locais distantes, hotéis ou salas de reunião, resorts de férias, espaços de coworking ou mesmo bairros antigos.

Envelhecimento no local: Aplicativos de saúde e cuidados domiciliares terão uma enorme fatia da cadeia emergente de serviços em torno do Lar do Futuro. O conceito de envelhecimento no local prevê indivíduos idosos que vivem de maneira independente por muito mais tempo nos lares que moram, muitas vezes por décadas. A tecnologia digital inteligente pode fazer muito para tornar o envelhecimento no local uma realidade generalizada e acessível. Vários dispositivos equipados com sensores e câmeras podem ajudar a supervisionar o bem-estar de uma pessoa idosa mesmo de longe — dando aos idosos um bom padrão de vida mesmo até a idade mais avançada.

eSIM: Cartão SIM instalado de maneira fixa em dispositivos móveis como smartphones ou itens de tecnologia doméstica como termostatos, luzes ou persianas inteligentes. Os SIMs (módulos de identidade de assinante) são necessários para conectar qualquer dispositivo a uma rede sem fio como o 5G. Os eSIMS têm a grande vantagem de ser programáveis e capazes de se adaptar a qualquer rede à qual o dispositivo queira se conectar sem a necessidade de um novo cartão SIM físico. Isso dá aos fabricantes de dispositivos domésticos a liberdade de não ter que construir dispositivos para redes específicas — os eSIMS são apenas reprogramados. Do ponto de vista do usuário, os dispositivos podem ser programados para escolher a rede mais acessível oferecida.

Espectro sem fio: Variedade definida de ondas eletromagnéticas disponibilizadas pelos reguladores para uso comercial. O espectro sem fio é dividido em diferentes faixas, subdivididas em frequências utilizadas por diferentes redes.

Estilo de vida hiperconectado: Nossa era merece o epíteto "hiperconectado", com petabytes de dados e informações circulando ao redor do mundo a cada dia. Não faz muito tempo, as pessoas enviavam faxes, faziam ligações telefônicas locais ou enviavam cartas. Por esses padrões básicos, o mundo de hoje parece muito avançado com seus hardwares e softwares de comunicação com base na internet, que são executados em redes sem fio e de linha fixa.

Experiência do usuário: Uma experiência de usuário cativante será um critério de tudo ou nada quando se trata de desenvolver o mercado do Lar do Futuro. A experiência deve ser equivalente a um desempenho da tecnologia doméstica que dá aos moradores a sensação de que sua casa é um companheiro ou assistente ao longo da rotina, que pode antecipar e responder às necessidades — independentemente da localização do morador. A tecnologia 5G será crucial para atingir esses níveis avançados de experiência do usuário.

Front office: Tradicionalmente, a parte de uma organização de CSP que lida com clientes finais. Assim como o *back office*, o *front office* para o Lar do Futuro deve se tornar muito mais receptivo às demandas instantâneas dos clientes e às tendências do mercado, contando com redes penetrantes de intercâmbio de dados perenes, incluindo o compartilhamento de dados com o *back office*.

Geração Z: Pessoas nascidas depois de 1995, mas antes de 2015. A geração Z é o grupo de consumidores mais jovens e com mais conhecimento tecnológico até agora, tendo crescido não apenas com a internet, mas também com a experiência de conectividade onipresente, o que significa que eles acham tudo isso natural. É uma mentalidade que todos que buscam uma fatia do emergente mercado do Lar do Futuro devem atender. A geração Z também tem uma atitude DIFM, esperando que os provedores de serviços baseados em tecnologia forneçam dispositivos *plug-and-play*, fáceis de manusear com o mínimo necessário de entrada de usuários para a instalação.

Hiperpersonalização: O atendimento a um cliente único com uma oferta personalizada sempre foi visto como um ponto atraente de diferenciação pelos fornecedores de produtos e serviços. Mas apenas com a transformação digital por atacado da vida do consumidor é que a promessa de serviços ou produtos personalizados em massa se torna uma realidade convincente. Quando os usuários permitirem que seus dados de uso sejam compartilhados com os designers de serviços ou produtos e até mesmo com terceiros, a era da hiperpersonalização pode começar. Os fabricantes de produtos podem agora ver em tempo real como os consumidores usam um dispositivo, que serviço personalizado poderia ser oferecido por trás dele, e como o produto deve ser redesenhado para atender às necessidades de clientes individuais.

Inteligência Artificial (IA): Conceito de software que remonta aos anos 1950, que só agora está decolando à medida que a capacidade de coleta e processamento de dados se torna suficientemente poderosa e acessível. A IA abrange algoritmos que podem usar grandes conjuntos de dados para aprender, reconhecer, lembrar e tomar decisões. A principal contribuição para tais processos de aprendizagem é a grande quantidade de dados adequados dos quais o sistema pode tirar conclusões e agir. Onde a IA trabalha em estreita proximidade com os humanos, como no Lar do Futuro, ela deve ser assegurada para que os humanos possam sempre anular suas decisões a qualquer momento.

Internet das Coisas (IoT, na sigla em inglês): Também chamada de Internet de Tudo, o termo captura o mundo em evolução conectado à internet, no qual um número exponencialmente crescente de objetos pode comunicar dados através da rede. Espera-se que, em algum momento, quase todos os itens de hardware do mundo se tornem conectados. Ligações de dados amplamente difundidas entre objetos formam a base para serviços avançados. Os itens de hardware podem então oferecê-los a seus usuários.

Millennials: Também chamados de geração Y, os millennials formam o grupo etário que precede a geração Z e são outro subconjunto de "nativos digitais", de consumidores-chave com conhecimento tecnológico a serem lembrados por todas as indústrias que visam aos mercados do Lar do Futuro.

Como um grupo estatístico, os millennials compreendem aproximadamente pessoas nascidas entre 1980 e 1995, o que significa que testemunharam o nascimento e a rápida disseminação da internet de massa. Isso os tornou suscetíveis a estilos de vida conectados, senão ainda os hiperconectados que a geração Z espera.

Modelo de negócios vertical: Um modelo de negócios com a ambição de cobrir vastos trechos do processo de produção e distribuição de um produto ou serviço de hardware. Aplicada aos CSPs, verticalidade significa que essas empresas se veem como fornecedores de infraestrutura de conectividade para residências, complementada por alguns serviços extras em torno desse produto central. Para se tornarem *players*-chave no mercado do Lar do Futuro, os CSPs devem desistir de sua verticalidade e estabelecer modelos de plataforma menos hierárquicos e multilaterais, em que assumem o papel de organizadores de uma plataforma confiável, guardiões de dados e guardiões de serviços para o lar.

Navegadores e Exploradores: Duas mentalidades de usuário doméstico, resumidamente descritas como personas pela Accenture, que refletem extremos nas atitudes do consumidor em relação à tecnologia. Enquanto os Exploradores são tipos que estão em fase de adoção adiantada, interessados em experimentar os últimos produtos e serviços, no outro extremo do espectro os Navegadores precisam encontrar o valor real ou a necessidade em um produto antes de entrar de cabeça. Ambas as personas devem ser consideradas quando serviços ou dispositivos do Lar do Futuro forem projetados.

Novos capacitadores de tecnologia: O Lar do Futuro só pode se tornar realidade devido a um conjunto de tecnologias inovadoras que recentemente se tornaram disponíveis para implantação em massa. Ao lado do padrão sem fio 5G há três principais tecnologias complementares que ajudam o 5G a estar à altura de seu grande papel de capacitador no Lar do Futuro: eSIMs, inteligência artificial e edge computing — todas as três permitindo que dispositivos compactos e movidos pela inteligência respondam com latência ultrabaixa.

Padrão 4G LTE: Padrão de rádio atualmente utilizado na comunicação móvel, seguindo os padrões anteriores, como 2G e 3G. A sigla significa, em inglês, "quarta geração de evolução a longo prazo". Sua introdução em 2009, inicialmente nos países escandinavos, aumentou de cinco a sete vezes a velocidade dos dados em relação ao seu predecessor. Entretanto, as velocidades de download do 4G são consideradas muito lentas para formar a base para as experiências de serviço de alta qualidade que os usuários do Lar do Futuro exigiriam.

Padrão sem fio 5G: Termo usado coloquialmente para o mais recente padrão de rádio sem fio acordado internacionalmente. 5G significa "quinta geração" — representando a quinta atualização desde que o padrão móvel GSM universal foi introduzido há mais de 25 anos. Já em uso em alguns países, espera-se que o 5G seja implantado em todas as principais regiões industrializadas durante 2020. Tem vantagens claras sobre padrões mais antigos: é dez vezes mais rápido que o padrão anterior 4G LTE, reduzindo a latência para milissegundos. Sua capacidade de dados também é significativamente maior, e o 5G é também o primeiro padrão desse tipo no qual os objetos são diretamente conectados e gerenciados pela rede. Essas características fazem do 5G o padrão ideal para aplicações no Lar do Futuro.

Plataforma digital omnichannel (DOCP, na sigla em inglês): Um conceito de plataforma digital projetado pela Accenture para oferecer aos clientes finais dos CSPs uma experiência ininterrupta em todos os canais possíveis de interação, seja on-line, nas lojas, nos call centers, por meio de aplicativos ou das mídias sociais. A DOCP utiliza análise avançada de dados, computação cognitiva e IA, bem como automação de processos para tornar a interação e a comunicação com um cliente CSP o mais precisa e relevante possível — formando a base tanto para uma experiência de usuário muito melhor quanto para um custo operacional mais baixo.

Rede pervasiva: Um novo tipo de arquitetura de rede de dados gerenciada por um CSP no qual — na experiência do usuário — a conectividade é discreta, mas sempre disponível. A computação pervasiva forma a base de redes pervasivas, um conceito que combina tecnologias de rede existentes com computação sem fio, reconhecimento de voz, capacidade de internet e IA. Tecnologias avançadas tais como 5G, rede definida por software (SDN, sigla em inglês), virtualização de função de rede (NFV, sigla em inglês), IA, automação de processos robóticos (RPA, sigla em inglês) e *blockchain* estão surgindo como componentes facilitadores da abordagem de rede generalizada, com o potencial de combinar de modo imprevisível novas formas. Para uma boa experiência do consumidor, uma rede difundida seria a base ideal a partir da qual se poderia atender ao mercado do Lar do Futuro.

"Sozinhos juntos": Fenômeno observável na era digital que afeta grupos de amigos ou membros da família. Os indivíduos, mesmo quando fisicamente presentes uns com os outros, tornam-se excessivamente absorvidos pelos dispositivos digitais, o que resulta em solidão devido à falta de interação humana, como conversas ou caminhadas conjuntas. Qualquer configuração do Lar do Futuro deve levar esse inconveniente em consideração e garantir que o lar interrompa as pessoas em suas atividades digitais quando estiverem "sozinhas juntas".

Última milha: Parte de infraestrutura de comunicação antiga, fio de cobre ou cabo de fibra ótica, conectando uma casa à rede mais ampla que funciona na rua. Essa parte de cabeamento é crucial para a entrega de serviços avançados para o lar individual. Desde o surgimento da internet de banda larga, a "última milha" foi um gargalo para a velocidade e a capacidade de dados. Com o 5G, uma substituição completa da fiação fixa poderia acontecer por meio de redes sem fio rápidas — abrindo enormes oportunidades para serviços avançados do Lar do Futuro.

URI (sigla em inglês): Identificador universal de recursos. Trata-se de um conjunto de caracteres que identificam nomes ou recursos na internet. Esses identificadores descrevem, por exemplo, qual computador transporta qual recurso e como esses recursos podem ser acessados.

Wi-Fi: Tecnologia de rede sem fio que fornece conexões rápidas à internet em ambientes públicos ou privados. Em lares conectados convencionais, o padrão de rádio Wi-Fi em geral conecta dispositivos como laptops, smartphones ou tablets com um roteador que fornece o gateway de linha fixa para a internet. Além disso, outros hardwares domésticos, como campainhas, termostatos, medidores inteligentes ou aparelhos domésticos, estão cada vez mais conectados via Wi-Fi. O padrão é inadequado para aplicações avançadas do Lar do Futuro, pois sua capacidade de banda é limitada e seu alcance é de apenas cerca de vinte a trinta metros em edifícios.

Zigbee: Padrão wireless aberto que foi desenvolvido para servir como uma rede de dados entre dispositivos. A operação de redes Zigbee em uma casa conectada é relativamente de baixo custo e, em comparação com o Wi-Fi, os dispositivos consomem pouca energia depois que estão conectados ao padrão.

Z-Wave: Padrão de comunicação de rádio sem fio usado em redes domésticas conectadas para conectar dispositivos como termostatos, campainhas e sensores de janelas. Foi desenvolvido como uma alternativa mais simples e ainda mais acessível ao Zigbee, e é mais eficiente em termos de energia em comparação ao Wi-Fi.

NOTAS

Agradecimentos

1 https://www.accenture.com/us-en/insights/living-business/future-home (arquivado em https://perma.cc/PQ7L-XER4).

Capítulo 2

1 IDC. "The growth in connected IoT devices is expected to generate 79,4 ZB of data in 2025, According to a New IDC forecast" [on-line]. Disponível em: https://www.idc.com/getdoc.jsp?containerId=prUS45213219 (arquivado em https://perma.cc/RNG6-HVJV). 2019.

2 KOSCIULEK, A.; VARRICCHIO, T.; STICKLES, N. "The growth in connected IoT devices is expected to generate 79.4ZB of data in 2025, According to a New IDC forecast Millennials are willing to spend $5000 or more on vacation, making them the age group that spends the most on travel — but Gen Z isn't far behind". *Business Insider* [on-line]. Disponível em: https://www.businessinsider.com/millennials-spend-5000-on-vacation-age-group-spends-the-most-on-travel-but-gen-z-isnt-far-behind-2019-4 (arquivado em https://perma.cc/ERW6-GJ4M). 2019.

3 SEARING, L. "The big number: Millennials to overtake Boomers in 2019 as the largest US population group". *Washington Post* [on-line]. Disponível em: https://www.washingtonpost.com/national/health-science/the-big-number-millennials-to-overtake-boomers-in-2019-as-largest-us-population-group/2019/01/25/a566e636-1f4f-11e9-8e21-59a09ff1e2a1_story.html?utm_term=.2a3e1457f5e4 (arquivado em https://perma.cc/576G-9RJZ). 2019.

4 TILFORD, C. "The millennial moment — in charts". *Financial Times* [on-line]. Disponível em: https://www.ft.com/content/f81ac17a-68ae-11e8-b6e-b-4acfcfb08c11 (arquivado em https://perma.cc/3QX2-YDQE). 2018.

5 NAÇÕES UNIDAS. "The world's cities in 2018" [on-line]. Disponível em: https://www.un.org/pt/events/citiesday/assets/pdf/the_worlds_cities_in_2018_data_ booklet.pdf (arquivado em https://perma.cc/Y7BJ-2N6W). 2018.

6 Ibid.

7 FRY, R. "Millennials are the largest generation in the U.S. labor force". *Pew Research Center* [on-line]. Disponível em: https://www.pewresearch.org/facttank/2018/04/11/millennials-largest-generation-us-labor-force/ (arquivado em https://perma.cc/7JZD-JYP5). 2018.

8 TILFORD, C. "The millennial moment: in charts". *Financial Times* [on-line]. Disponível em: https://www.ft.com/content/f81ac17a-68ae-11e8-b6e-b-4acfcfb08c11 (arquivado em https://perma.cc/3QX2-YDQE). 2018.

9 Ibid.

10 FUSCALDO, D. "Home buying goes high-tech as millennials become largest real estate buyers". *Forbes* [on-line]. Disponível em: https://www.forbes.com/sites/donnafuscaldo/2018/09/26/home-buying-goes-high-tech-as-millennials-become-largest-real-estate-buyers/#11a90e3b7774 (arquivado em https://perma.cc/BU27-2HWN). 2018.

11 ACCENTURE. "The race to the smart home: Why Communications Service Providers must defend and grow this critical market" [on-line]. Disponível em https://www. accenture.com/_acnmedia/pdf-50/accenture-race-to-the-smart-home.pdf (arquivado em https://perma.cc/KKZ6-W7M5). [s.d.].

12 Ibid.

13 ACCENTURE. "The race to the smart home" [on-line]. Disponível em: https://www.accenture.com/t20180529T062408Z__w__/us-en/_acnmedia/PDF-50/Accenture-Race-To-The-Smart-Home.pdf (arquivado em https://perma.cc/9WGH-UUHW). [s.d.].

14 ACCENTURE. "Millennial and Gen Z consumers paving the way for non-traditional care models". *Accenture study finds* [on-line] https://newsroom.accenture.com/news/millenial-and-gen-z-consumers-paving-the-way-for-non-traditional-care-models-accenture-study-finds.htm (arquivado em https://perma.cc/DA67-EZGY). 2019.

15 Ibid.

16 THE COUNCIL OF ECONOMIC ADVISERS. "15 economic facts about Millennials" [on-line]. Disponível em: https://obamawhitehouse.archives.gov/sites/default/files/docs/millennials_report.pdf (arquivado em https://perma.cc/D5TKPMAM). 2014. p. 9, fig. 4.

17 DONNELLY, C; SCAFF, R. "Who are the millennial shoppers? And what do they really want?" *Accenture* [on-line]. Disponível em: https://www.accenture.com/us-en/insight-outlook-who-are-millennial-shoppers-what-do-they-really-want-retail (arquivado em https://perma.cc/C4X6-QKX3). [s.d.].

18 NAÇÕES UNIDAS. "World population prospects 2019" [on-line]. Disponível em: https://population.un.org/wpp2019/DataQuery/ (arquivado em https://perma.cc/3RX7-B22G). 2019.

19 AARP. "Stats and facts from the 2018 AARP Home and Community Preferences Survey" [on-line]. Disponível em: https://www.aarp.org/livable-communities/about/info-2018/2018-aarp-home-and-community-preferences-survey.html (arquivado em https://perma.cc/97WA-5FRM). 2018.

20 ACCENTURE, baseado em "United Nations World Population Prospects 2019" [on-line]. Disponível em: https://population.un.org/wpp/ (arquivado em https://perma.cc/95VL-U6LW).

21 UNIVERSITY OF BRITISH COLUMBIA. "Using money to buy time linked to increased happiness". *Eureka Alert* [on-line]. Disponível em: https://www.eurekalert.org/pub_releases/2017-07/uobc-umt072017.php (arquivado em https://perma.cc/QX66-938C). 2017.

22 ACCENTURE. "Putting the human first in the Future Home" [on-line]. Disponível em: https://www.accenture.com/_acnmedia/pdf-98/accenture-putting-human-first-future-home.pdf (arquivado em https://perma.cc/7ZJD-Q677). [s.d.].

23 Ibid. Disponível em: https://in.accenture.com/thedock/futurehome/ (arquivado em https://perma.cc/5VBH-KVGQ).

24 Ibid.

25 Ibid.

Capítulo 4

1 ACCENTURE. "The race to the smart home: Why communications service providers must defend and grow this critical market" [on-line]. Disponível em: https://www.accenture.com/_acnmedia/PDF-50/Accenture-Race-To-The-Smart-Home.pdf#zoom=50 (arquivado em https://perma.cc/NLD2-YGSD). [s.d.].

2   ORESKOVIC, A. "Google to acquire Nest for $3.2 billion in cash". *Reuters* [on-line]. Disponível em: https://www.reuters.com/article/us-google-nest/google-toacquire-nest-for-3-2-billion-in-cash-idUSBREA0C1HP20140113 (arquivado em https://perma.cc/5GGK-CLLF) 2014; TEAM, T. "Google's strategy behind The $3.2 billion acquisition of Nest Labs". *Forbes* [on-line]. Disponível em: https://www.forbes.com/sites/greatspeculations/2014/01/17/googles-strategy-behind-the3-2-billion-acquisition-of-nest-labs/#-79c2d20a1d45 (arquivado em https://perma.cc/TG6F-G265). 2014.

3   SCHAEFFER, E.; SOVIE, D. *Reinventing the Product: How to transform your business and create value in the digital age*. Kogan Page: Londres, 2019.

4   ACCENTURE; todos os preços da The Home Depot no momento da redação.

5   BUSINESS WIRE. "The smart home is creating frustrated consumers: more than 1 in 3 US adults experience issues setting up or operating a connected device" [on-line]. Disponível em: https://www.businesswire.com/news/home/20180130005463/en/Smart-Home-Creating-Frustrated-Consumers-1-3 (arquivado em https://perma.cc/XNF7-C42T). 2018.

6   LIU, J. "Many smart home users still find DIY products difficult to manage". *asmag* [on-line]. Disponível em: https://www.asmag.com/showpost/28346.aspx (arquivado em https://perma.cc/D6R5-RA7L). 2019.

7   ACCENTURE. "Putting the human first in the Future Home" [on-line]. Disponível em: https://www.accenture.com/_acnmedia/PDF-98/Accenture-Putting- Human-First-Future-Home.pdf#zoom=50 (arquivado em https://perma. cc/4JVZ-ADU9). [s.d.].

8   "Line 1: Cisco WiFi". Disponível em: https://www.cisco.com/c/en/us/solutions/collateral/enterprise-networks/802-11ac-solution/q-and-a-c67-734152.html (arquivado em https://perma.cc/K9PB-KCZY); "Line 3: 3GPP Release 15". Disponível em: https://www.3gpp.org/release-15 (arquivado em https://perma.cc/ZG87VJCA); "Line 4: 3GPP LTE Specs". Disponível em: https://www.3gpp.org/technologies/keywords-acronyms/97-lte-advanced (arquivado em https://perma.cc/ G5S8-E9ZT).

9   IEEE Spectrum. "3GPP Release 15 Overview: 3rd Generation Partnership Project (3GPP) members meet regularly to collaborate and create cellular communications standards" [on-line]. Disponível em: https://spectrum.ieee.org/telecom/wireless/3gpp-release-15-overview (arquivado em https://perma. cc/5KGQ-DXRL). [s.d.].

10 ACCENTURE; com base nos padrões GSM (Global System for Mobile Communications e 3GPP:
- 1G — Sistema Avançado de Telefonia Móvel, Telefone Móvel Nórdico, Sistema de Comunicação de Acesso Total, TZ-801, TZ-802 e TZ-803
- 2G — 3GPP Fase 1
- 3G — 3GPP Release 99
- 4G — 3GPP Release 8
- 5G — 3GPP Release 15

11 VESPA, H. "The graying of America: more older adults than kids by 2035". *United States Census Bureau* [on-line]. Disponível em: https://www.census.gov/library/stories/2018/03/graying-america.html (arquivado em https://perma.cc/ PE28-S246). 2018.

12 ARANDJELOVIC, R. "1 million IoT devices per square Km — are we ready for the 5G transformation?" *Medium* [on-line]. Disponível em: https://medium.com/clxforum/1-million-iot-devices-per-square-km-are-we--ready-for-the-5g- transformation-5d2ba416a984 (arquivado em https://perma.cc/9TKK-N6BD). [s.d.]

13 GSMA. "What is eSIM?" [on-line]. Disponível em: https://www.gsma.com/esim/about/ (arquivado em https://perma.cc/YRC5-8NB2). [s.d.].

14 GSMA. "eSIM" [on-line]. Disponível em: https://www.gsma.com/esim/ (arquivado em https://perma.cc/YRC5-8NB2). [s.d.].

Capítulo 5

1 ACCENTURE. "How the U.S. wireless industry can drive future economic value" [on-line]. Disponível em: https://www.accenture.com/us-en/insights/strategy/wireless-industriy-us-economy (arquivado em https://perma.cc/ AN4Z-AXLF). 2018.

2 ACCENTURE. "The race to the smart home" [on-line]. Disponível em: https://www.accenture.com/_acnmedia/pdf-50/accenture-race-to-thesmart--home.pdf (arquivado em https://perma.cc/Z7ZK-BGCB). [s.d.]. p. 10.

3 WHITTAKER, J. "Judge orders Amazon to turn over Echo recordings in double murder case". *Techcrunch* [on-line] Disponível em: https://techcrunch.com/2018/11/14/amazon-echo-recordings-judge-murder-case/ (arquivado em https://perma.cc/W7P6-5976). 2018.

4 HARVARD LAW REVIEW. "Cooperation or resistance?: The role of tech companies in government surveillance" [on-line]. Disponível em: https://harvardlawreview.org/2018/04/cooperation-or-resistance-the-role-of-tech-companies-in-government-surveillance/ (arquivado em https://perma.cc/T3G8-ZN3V). 2018.

5 WHITTAKER, Z. "Amazon turns over record amount of customer data to US law enforcement". *ZDNet* [on-line]. Disponível em: https://www.zdnet.com/article/amazon-turns-over-record-amount-of-customer-data-tous-law-enforcement/ (arquivado em https://perma.cc/2MDN-X4BJ). 2018.

6 ACCENTURE. "Cost of cyber crime study" [on-line]. Disponível em: https://www.accenture.com/t20170926t072837z__w__/us-en/_acnmedia/pdf-61/accenture-2017-costcybercrimestudy.pdf (arquivado em https://perma.cc/ Y88J-FRK3). 2017.

7 PASCU, L. "Millennials least likely to trust smart devices, Accenture find", *Bitdefender* [on-line]. Disponível em: https://www.bitdefender.com/box/blog/smarthome/millennials-least-likely-trust-smart-devices-accenture-finds/ (arquivado em https://perma.cc/KX2B-2XF4). 2019.

8 ACCENTURE. "Securing the digital economy" [on-line]. Disponível em: https://www.accenture.com/se-en/insights/cybersecurity/_acnmedia/thought-leadershipassets/pdf/accenture-securing-the-digital-economy-reinventing-the-internetfor-trust.pdf#zoom=50 (arquivado em https://perma.cc/WWY7-VLVU). [s.d.].

9 ACCENTURE. "Building pervasive cyber resilience now" [on-line]. Disponível em: https://www.accenture.com/_acnmedia/pdf-81/accenture-build-pervasivecyber-resilience-now-landscape.pdf#zoom=50 (arquivado em https://perma.cc/5X68-A8RJ). 2018.

10 Ibid.

11 ACCENTURE. "Digital trust in the IoT era" [on-line]. Disponível em: https://www.accenture.com/_acnmedia/accenture/conversion-assets/dotcom/documents/global/pdf/dualpub_18/accenture-digital-trust.pdf#zoom=50 (arquivado em https://perma.cc/W4HV-2AVS).

12 ACCENTURE. "Gaining ground on the cyber attacker: 2018 state of cyber resilience" [on-line]. Disponível em: https://www.accenture.com/_acnmedia/pdf-76/accenture-2018-state-of-cyber-resilience.pdf#zoom=50 (arquivado em https://perma.cc/3AVB-PH73). 2018.

13 WI-FI ALLIANCE. "Certification" [on-line]. Disponível em: https://www. wi-fi.org/certification (arquivado em https://perma.cc/6ZZN-BHFZ). [s.d.].

14 PERKINS COIE. "Regulating the security of connected devices: Are you ready?" Disponível em: https://www.perkinscoie.com/en/news-insights/regulatingthe--security-of-connected-devices-are-you-ready.html (arquivado em https://perma.cc/6B3C-HKUU). 2019.

15 ACCENTURE. "Ready, set, smart: CSPs and the race to the smart home" [on-line]. Disponível em: https://www.accenture.com/se-en/smart-home (arquivado em https://perma.cc/KA9C-W2JZ). [s.d.].

16 ACCENTURE. "The race to the smart home: why communications service providers must defend and grow this critical market" [on-line]. Disponível em: https://www.accenture.com/_acnmedia/pdf-50/accenture-race-to-the-smarthome.pdf (arquivado em https://perma.cc/Z7ZK-BGCB). [s.d.]. p. 6.

17 ACCENTURE. "The race to the smart home: Why Communications Service Providers must defend and grow this critical market" [on-line]. Disponível em: https://www. accenture.com/_acnmedia/pdf-50/accenture-race-to-the-smart-home.pdf (arquivado em https://perma.cc/8JV8-LHAF).

18 ACCENTURE. "Securing the digital economy" [on-line]. Disponível em: https://www.accenture.com/_acnmedia/thought-leadership-assets/pdf/accenture-securing-the-digital-economy-reinventing-the-internet-for--trust.pdf (arquivado em https://perma.cc/P7E8-3VNK). [s.d.].

Capítulo 6

1 GLEESON, D. "Smart home devices and services forecast: 2018–2023". *Ovum* [on-line]. Disponível em: https://ovum.informa.com/resources/product-content/smarthome-devices-and-services-forecast--201823-ces004-000076 (arquivado em https://perma.cc/G8RM-W736). 2019.

2 ACCENTURE. "Reshape to Relevance: 2019 Digital Consumer Survey" [on-line]. Disponível em: https://www.accenture.com/_acnmedia/pdf-93/accenturedigital-consumer-2019-reshape-to-relevance.pdf (arquivado em https://perma.cc/7GUJ-GZ3F). 2019. p. 2.

3 ACCENTURE. "The race to the smart home: Why communications service providers must defend and grow this critical market" [on-line]. Disponível em: https://www.accenture.com/_acnmedia/pdf-50/accenture-race-to-the-smarthome.pdf (arquivado em https://perma.cc/Z7ZK-BGCB) [s.d.]. p. 9.

4   ACCENTURE. "Accenture to help Swisscom enhance its customer experience" [on-line]. Disponível em: https://newsroom.accenture.com/news/accenture-to-help-swisscom-enhance-its-customer-experience.htm (arquivado em https://perma.cc/S89N-DSZQ). 2018.

5   WILSON, C. "CenturyLink using AI to boost sales efficiency". *Light Reading* [on-line]. Disponível em: http://www.lightreading.com/automation/centurylinkusing-ai-to-boost-sales-efficiency/d/d-id/735575 (arquivado em https://perma. cc/87XG-TRQD). 2017.

6   CRAMSHAW, J. "AI in telecom operations: opportunities & obstacles". *Guavus* [on-line]. Disponível em: https://www.guavus.com/wp-content/uploads/2018/10/AI-in-Telecom-Operations_Opportunities_Obstacles.pdf (arquivado em https://perma.cc/5G98PAC4). [s.d.]; HOPWELL, J. "Mobile World Congress: Telefonica launches Aura, announces Movistar Home". *Variety* [on-line]. Disponível em: https://variety.com/2018/digital/global/mobile-world-congress-telefonica-aura-movistar-home-1202710220/ (arquivado em https://perma.cc/VX6G-MBNE). 2018.

7   ACCENTURE. "Intelligent automation at scale: what's the hold up?"[on-line]. Disponível em: https://www.accenture.com/_acnmedia/pdf-100/accenture-automation-at-scale-pov.pdf (arquivado em https://perma.cc/N23G-E2Q2). [s.d.]. p. 5.

8   ACCENTURE. "Future ready: intelligent technology meets human ingenuity to create the future telco workforce" [on-line]. Disponível em: https://www.accenture. com/_acnmedia/pdf-93/accenture-5064a-future--ready-ai-pov-web.pdf#zoom=50 (arquivado em https://perma.cc/5KU-2-4MVC). [s.d.]. p. 8.

9   Para mais informações sobre a Pervasive Network, veja aqui: https://www.accenture.com/_acnmedia/pdf-81/accenture-network-capturing--promisepervasive-pov-june-2018.pdf#zoom=50 (arquivado em https://perma.cc/X7ZH-DML4).

Capítulo 7

1   WEINDENBRÜCK, M. "Hello Magenta! With Smart Speaker, your home listens to your command". *Telekom* [on-line]. Disponível em: https://

www.telekom.com/en/media/media-information/consumer-products/with-smart-speaker-yourhome-listenens-to-your-command-508276 (arquivado em https://perma. cc/959R-2BN2). 2017; ORANGE. "Orange launches the voice assistant Djingo to make its customers' everyday lives easier" [on-line]. Disponível em: https://www. orange.com/pt/Press-Room/press-releases/press-releases-2019/Orangelaunches-the-voice-assistant-Djingo-to-make-its-customers-everyday-liveseasier (arquivado em https://perma.cc/DJX6-QGR4). 2019; MORRIS, I. "Djingo Unchained: Orange, DT take AI fight to US tech giants". *Light Reading* [on-line] https://www.lightreading.com/artificial-intelligence-machine-learning/djingo-unchained-orange-dt-take-ai-fight-to-us-tech-giants/d/d-id/748249 (arquivado em https://perma.cc/3KC7-JJN8). 2018.

2 JAPAN TIMES. "NTT Docomo to discontinue decades-old i-mode, world's first mobile internet service, in 2026" [on-line]. Disponível em: https://www.japantimes.co.jp/news/2019/10/29/business/tech/ntt-docomo-discontinue-decades-old-mode-worlds-first-mobile-internet-service-2026/#.Xe0KfzNKg2w (arquivado em https://perma.cc/KUU9-B7WP). 2019; BNAMERICAS. "Analysis: Why is Telefônica shutting down Terra?" [on-line]. Disponível em: https:// www.bnamericas.com/en/news/analysis-why-is-telefonica-shutting-down-terra (arquivado em https://perma.cc/8P37-G7DD). 2017; *MANAGER MAGAZIN*. "Ströer kauft T-Online, Telekom wird Großaktionär" [on-line]. Disponível em: https://www.manager-magazin.de/digitales/it/stroeer-kauft-t-online-a-1047997.html (arquivado em https://perma.cc/4FT6-2REB). 2015.

4 Lee, J. "Celebrating 100,000 Alexa Skills —100,000 thank yous to you". *Amazon* [on-line]. Disponível em: https://developer.amazon.com/blogs/alexa/post/c2d062ff-17b3-47f6-b256-f12c7e20f594/congratulations-alexa-skill-builders-100-000-skill-skills-and-counting (arquivado em https://perma.cc/ YAR2-45XP) 2019; KINSELLA, B. "Amazon now has more than 50,000 Alexa Skills in the U.S. and it has tripled the rate of new skills added per day". *voicebot.ai* [on-line]. Disponível em: https://voicebot.ai/2018/11/23/amazon-now-has-more--than-50000-alexa-skills-in-the-u-s-and-it-has-tripled-the-rate-of-new-skills-added-per-day/ (arquivado em https://perma.cc/5NVC-LKX9). 2018.

5 ACCENTURE. "Accenture to help Swisscom enhance its customer experience" [on-line]. Disponível em: https://newsroom.accenture.com/news/accenture-to-help-swisscom-enhance-its-customer-experience.htm(arquivado em https:// perma.cc/S89N-DSZQ). 2018.

6   TELIA. "Smart Family" [on-line]. Disponível em: https://www.telia.fi/kauppa/kodin-netti/smart-family (arquivado em https://perma.cc/BTP5-2KC7). [s.d.].

7   DAYARATNA, A. "IDC's Worldwide Developer Census, 2018: Part-time developers lead the expansion of the global developer population, IDC" [on-line]. Disponível em: https://www.idc.com/getdoc.jsp?containerId=US44363318 (arquivado em https://perma.cc/G45A-7PB4). 2018.

8   HERSCOVICI, D. "Comcast closes Icontrol acquisition and plans to create a center of excellence for Xfinity Home". *Comcast* [on-line]. Disponível em: https://corporate.comcast.com/comcast-voices/comcast-closes-icontrol-acquisition (arquivado em https://perma.cc/33RM-ETVR). 2017; QIVICON [on-line]. Disponível em: https://www. qivicon. com/pt/ (arquivado em https://perma.cc/H6E9-GUW6).

Capítulo 8

1   ECLIPSE. "Smart Home Day @Eclipsecon Europe 2018" [on-line]. Disponível em: https://www.eclipse.org/smarthome/blog/2018/10/29/smarthomeday.html (arquivado em https://perma.cc/LJR6-YLGC). 2018.

2   SCHÜßLER, A. Post no LinkedIn [on-line]. Disponível em: https://www.linkedin.com/posts/axel-schuessler-17406182_iot-developers-openhab-activity-6620611740122046464-bW4n/ (arquivado em https://perma.cc/8J9U-TZH3). 2020.

3   DAS, S. "IoT standardization: problem of plenty?" *CIO&Leader* [on-line]. Disponível em: https://www.cioandleader.com/article/2016/02/09/iot-standardization-problem-plenty (arquivado em https://perma.cc/352C-HM6X). 2016.

4   Grupo de trabalho Web of Things [on-line]. Disponível em: https://www.w3.org/WoT/WG/ (arquivado em https://perma.cc/24HE-7WCU).

5   Ibid.

6   Ibid.

Capítulo 9

1 LONG, J, ROARK, C.; THEOFILOU, B. "The Bottom Line on Trust". *Accenture* [on-line]. Disponível em: https://www.accenture.com/us-en/insights/strategy/trust-in-business (arquivado em https://perma.cc/D57X-RUXU). 2018.